DRUIDEN

des

T A O

Druiden sind die Wissenden der alten sowie der neuen Zeit. Sie stellen ihr umfangreiches Wissen allen Menschen zur Verfügung.

Druiden werden auch als die Eichenkundigen bezeichnet. Auf den starken Eichen wachsen nämlich die magischen Misteln, ein Allheilmittel, nicht nur der Druiden.

Im zweiten Teil des Wortes Druide steckt das keltische Wort „uid" für „weise" oder „klug", das auf eine indogermanische Wortwurzel zurückgeht.

Günter Skwara

DRUIDEN
des
TAO

FREIER ORDEN FREIER WESEN

*Bibliografische Information der Deutschen National-
bibliothek:*
*Die Deutsche Nationalbibliothek verzeichnet diese Pu-
blikation in der Deutschen Nationalbibliografie; detail-
lierte bibliografische Daten sind im Internet über
http://dnb.dnb.de abrufbar.*

Illustration: Günter Skwara

Herstellung und Verlag:

BoD – Books on Demand, Norderstedt

*ISBN: **978-3-7528-2186-4***

Inhaltsverzeichnis

Werte Freundin, werter Freund,

mein alter Name ist Gunar. Als Druidorix (Geistiger Führer) der **Druiden des TAO** grüße ich Euch.

Auf unserem Heimatplaneten Atalant waren wir 13 führende Druiden, 13 Druidorix. Auf der Erde bin ich derzeit der einzige, der sich seiner Vergangenheit als Druidorix noch bewusst ist.

Druiden des TAO sind ein weltweit tätiger Bund von Gleichgesinnten. Andere von uns bemühen sich um die Menschheit dieses Planeten, ohne sich jedoch bewusst zu sein, dass sie vormals Mitglieder des Bundes waren.

Etliche **Menschen guten Willens** organisieren sich in einem Orden. Darin unterstützen sie sich gegenseitig. Zudem helfen sie anderen Menschen guten Willens bei ihrem Tun. Diese müssen nicht unbedingt Ordensmitglieder sein.

Der Orden nennt sich:

FREIER ORDEN FREIER WESEN

Dem Orden beizutreten ist nur durch Empfehlungen möglich.

Es gibt drei Arten der Empfehlungen:

1) Die Person empfiehlt sich selbst durch ihre Denkweisen und ihre Taten.
2) Eine außenstehende Gruppe von Menschen empfiehlt eine Person.
3) Jemand wird von einem oder von mehreren Ordensmitgliedern empfohlen.

Ein **FREIER ORDEN FREIER WESEN** ist stets bemüht weltoffen zu sein und bittet auch andere Organisationen um Offenheit und Transparenz. Die Mitglieder behaupten von sich niemals „die Weisheit mit Löffeln gefressen zu haben". Die Mitglieder lehnen jegliches dogmatisches Gedankengut ab. Für die Mitglieder des Ordens gilt immer und überall das Motto: **Menschlichkeit vor Robotismus.** Unterdrückerische Fremdbestimmung, wie man sie in vielen Bereichen der Geschäftswelt vorfindet, ist robotisch. Es wird sogar immer mehr auf die künstliche Intelligenz (KI) gesetzt, um Menschen im Arbeitsprozess zu kontrollieren und letztendlich zu ersetzen.

Der liebevolle Umgang im menschlichen Miteinander muss den angstbesetzten Alltagsstress ablösen. Dabei gelten andere Regeln als es die Hamsterrad-Diktatur einer irrigen Gläubigkeit an globale Notwendigkeiten vorsieht.

Bevor die Menschen den modernen, fernöstlichen Denkansätzen verfallen, müssen sie sich darauf besinnen: Sie sind TAO, die Seele. Sie sind keine rein körperlich funktionierende Maschine. Ihr Bestreben ist die Beseelung, zur Schaffung einer Welt voller Liebe und lichtvoller Zusammengehörigkeit. Auf diese Art und Weise lebten Menschen auf Atalant, der Heimatwelt in den Tiefen der Milchstraße.

Die Druiden des TAO waren dabei die Bewahrer des Wohlstandes, die Wächter über das Wohlergehen aller. Sie waren die Gleichen unter Gleichen, allerdings ausgestattet mit dem Wissen der Ahnen und mit den Fähigkeiten einer lebenslangen Ausbildung.

Ihre Hilfe übten sie unter anderem mit Meditationstechniken sowie durch **Spirituelle Rückführungen** aus. Während einer geführten Reise, zur Ursache von Verlusten, Ängsten oder Schmerzen, wird die daraus resultierende Belastung energetisch aufgehoben. Druiden des TAO helfen und unterstützen dabei.

Druiden des TAO

Was ich nun nahe bringen möchte klingt wie Science Fiktion. Denn es hat seinen Ursprung auch nicht auf dem Planeten den wir Erde nennen.

Die Druiden des TAO finden sich allerdings auch hier in einer Gemeinschaft zusammen, die sich:
„FREIER ORDEN FREIER WESEN", nennt.
Ihre Wurzeln hat die Gemeinschaft in Atalant.

Sie existierte sowohl auf dem irdischen Atlantis, was soviel heißt wie „Klein-Atalant", als auch im Planetensystem Atalant das in den Tiefen des Weltall, in unserer Milchstraße, existiert.

Ehemals waren die Druiden des TAO eine atalantische Ordensgemeinschaft. In Atalant bildete der Orden eine übergreifend stabilisierende Gruppierung der dortigen Gesellschaft und Kultur.

Die Druiden des TAO waren Wissende auf allen Gebieten. Da sie telepathisch untereinander in Verbindung stehen konnten und sich so austauschten, stand ihnen der gesamte Wissensschatz aller zur Verfügung.

Als universell Wissende bewahrten sie das Wissen, Fähigkeiten und Fertigkeiten auch aus voratalantischer Zeit. Dies wurde auch von den uralten, noch relativ unverfälschten Geistwesen nur an auserwählte Geister weitergegeben.

Zumeist waren die Druiden des TAO die Wiedergeborenen oder Nachkommen aus sehr alten Druidenfamilien.

Nach der Katastrophe mit dem vollständigen Untergang des Kontinents Atlantis, vor etwa 13.000 Jahren, gab es nur noch sehr wenige Menschen auf der Erde; davon einige Überlebende des Inselkontinents. Die „alten Weisen" führten die verbliebene Menschheit wieder auf den Weg und förderten ihr Überleben.

Diese Atlantis-Druiden waren überall auf dem Planeten tätig. Sie vermittelten gezielt ihr Wissen sowie dessen Anwendung an Schamanen, an Medizinmänner, an menschliche Druiden oder dergleichen.

Auch völlig andere Menschen, nun Ordensfremde, wurden in die unschätzbaren Weisheiten des Ordens eingeweiht.

Die Druiden des TAO schufen weltweit ein regelrechtes Netzwerk mit den derart gebildeten Menschen.

Das Ziel war:

Die menschlichen Erdenbewohner sollten sich nicht nur geistig weiterentwickeln und eigenständige Zivilisationen schaffen.

Den Druiden des TAO war, nicht ganz uneigennützig, daran gelegen, besonders das geistige Niveau des gesamten Planeten anzuheben.

Das Wissen, das sie mit Eifer weitertrugen und vermittelten erstreckte sich von Rechtskunde, Medizin und Heilkunde, Alchimie (philosophisches System) sowie Alchemie und Physik bis zu Kartenkunde und Astronomie.

Ihre menschlichen Nachfolger mussten sich erst ein tiefgreifendes, nützliches Grundwissen aneignen. Sie konnten sich darüber hinaus spezialisieren.

Man bezeichnete die Druiden des TAO als Magier oder Zauberer aber auch als Heil- und Rechtskundige, die anscheinend noch einen direkten Draht zu den Göttern hatten, wie man ihnen nachsagte. Sie selbst sahen sich ganz einfach als hilfreiche Berater und Ausbilder der Menschen.

Auch die wiedergeborenen Alten verloren im Laufe der Zeit ihre überragenden Fähigkeiten. Zumal sie in Körper von Menschen schlüpften, deren Gehirne nur schwach ausgerichtet waren, wie auf Telepathie, Telekinese und andere geistige Fähigkeiten

So gibt es heute nur noch ganz selten jemanden, der an den ursprünglichen Glanz des Ordens, der Druiden des TAO, anknüpfen kann. Überwiegend sind wir "ganz normale Menschen" geworden.

Mit diesen Aufschreibungen möchte ich nicht einfach nur die Erinnerung an unsere Werte aufrecht erhalten. Vielleicht lässt sich auch ein wenig von unseren Prinzipien wiederbeleben.

Die Mitglieder des Ordens der Druiden des TAO haben der Menschheit noch immer sehr viel zu geben. So mischen sich Druiden des TAO immer dann ein, wenn Unterdrückung droht oder herrscht und, wenn Menschen in Not sind.

Jegliche Organisation, so auch ein staatliches System, braucht solche Freigeister die offen ihre Meinung äußern, die anders denken und anders sind, als die so genannte breite Masse.

Erst ein hohes ethisches BewusstSein, durch steten Zuwachs an Wissen, schafft eine gesunde Individualität und hinreichend Stabilität bei der Begegnung mit dem Göttlichen TAO.

Die Druiden des TAO schaffen die Basis für Spiritualität im Hier und Jetzt, damit unser aller Zukunft wieder lebenswerter wird.

Die Druiden des TAO bilden eine spirituell offene Gemeinschaft selbstbewusster Weltbürger.

Mit der Kraft des Miteinander, der Gemeinschaft kreieren die Druiden des TAO beständigen Wandel: Bewegung zur Evolution; hinein in Entwicklungen die der Menschheit helfen, in Harmonie und in Freiheit zu existieren.

Auch die Projekte anderer Menschen guten Willens werden unterstützt, wenn deren Ziele die Verbesserung von bestehenden Verhältnissen und die Schaffung höherer Zustände sind.

Insbesondere den Verwirrungen im Geiste, dem Verstand der Menschen, muss Einhalt geboten werden. Es gilt TAO, das Geistige Wesen, die Seele, die Person selbst, wieder zu „beleben".

Gemeinsam mit den Druiden der Neuzeit, ursprünglich vom Orden der Druiden des TAO ausgebildet und eingesetzt, stimmen wir in den folgenden Text ein:

> „Viele sind Gestrandete auf diesem Planeten.
> Hier leben sie in entwurzelten Gesellschafts-
> formen voller Unsicherheiten.
> Lasst uns, im Sinne der Druiden alter und
> neuer Zeit, gemeinsam den
> Stamm des Lebensbaumes wieder aufrichten,
> das Wurzelwerk neu beleben.
> Hegen und pflegen, immer wieder frisch
> bewässern und vor Ungeziefer schützen;
> dies soll unser aller Aufgabe sein.
> Zugleich lasst uns junge Bäume pflanzen,
> deren Wurzeln den Boden kräftigen, deren
> Kronen den alten Baum stützen.
> Als frisch entstandener, eng miteinander
> verbundener Wald vermag diese erneuerte
> Kultur den Stürmen der Zeit zu trotzen."

Der Orden der Druiden des TAO:

DRUIDEN des TAO sind Wissende, die sich selbst als hilfreiche Berater der Menschen sehen.

Sie bilden eine lockere Gemeinschaft. Lediglich die Anwendung des Wissens und die erklärte Zustimmung zum Kodex der Druiden des TAO, lässt sie ein wenig mehr in TAO schwingen.

Druiden des TAO setzen sich ein - für die Rückkehr der Seele in den Alltag des Lebens.
Sie mischen sich immer dann ein, wenn Unterdrückung droht oder herrscht und wenn Menschen in Not sind.

Die Gemeinschaft der Druiden des TAO bildet die Plattform für geistig spirituellen Austausch mit allen anderen religiösen Formen und religiösen Denk- und Glaubensrichtungen.

Im Rahmen kommunikativen Zusammenseins, der geistigen Verbindung, bildet sich hier die Basis für eine gemeinschaftliche Zukunftsgestaltung, die Basis für Religiosität und Spiritualität im HIER und JETZT, damit unser aller Gegenwart und dann die Zukunft wieder lebenswerter wird.

Die Gemeinschaft fördert und verstärkt die Zusammenarbeit geistiger Kräfte in der Gesellschaft.

Durch die Verbreitung ethischer Werte bemüht sich der Orden dabei um das gegenseitige Verständnis, um Respekt, Vertrauen, Akzeptanz, nicht zuletzt auch um Verstehen.

Ziele des Ordens:

> Mehr Lebensqualität und Wohlstand für alle Menschen

> Harmonie, Glück und Wohlbefinden sowie Zufriedenheit

> BewusstSein, bewusstes Sein im Dasein, im HIER und JETZT

> Gesunde Individualität, Selbsterkenntnis und Selbstbestimmung

> Erhöhter Selbstwert, Ehre und Stolz des Individuums

> Gegenseitiges Verstehen, Respekt und Anerkennung

> Mehr Verständnis und offenherzige Gesprächsbereitschaft

> Ein friedvolles Zusammenleben aller Menschen und Lebewesen

> Vermehrte Sensibilität und ausgeprägte Spiritualität.

Unsterblichkeitslehre
der Druiden

Die Lehre der irdischen Druiden ist:

„Die Seelen und die Welt sind unvergänglich. Eines Tages aber gewinnen Feuer und Wasser die Oberhand. Alles wird dann abwechselnd geschmolzen und bald wieder verfestigt, damit völlig erneuert."

Entsprechend der pythagoreischen Anschauung soll die machtvolle Seele eines Menschen im Verlaufe bestimmter, wechselnder Jahre wieder aufleben und in einen anderen Körper eintauchen.

Manche werfen daher bei Totenbestattungen Briefe auf den Scheiterhaufen, die an ihre verstorbenen Verwandten oder ihre Freunde gerichtet sind, in der Hoffnung, sie würden von den Toten gelesen.

Ein ähnlicher Glaube an die Wiedergeburt in neuen Körpern machte die Kelten sowie die Germanen besonders tapfer. Er ist der Hauptgrund, weshalb sie dem Leben weniger Beachtung entgegen brachten.

Hier nun einige Aussagen von römischen Gelehrten und Geschichtsschreibern, die auf ihre Art das Druidentum darstellen. Die Kelten und Germanen führen, wie wir wissen, keine eigenen Aufzeichnungen:

„Unzerstörbar, so behaupten sie wie auch andere, sei die Seele und der Kosmos; doch werde einmal Feuer und Wasser die Oberhand gewinnen."

Poseidonios um 100 v.Chr.

„Auch ihr Druiden, greift von den abgelegten Waffen her die barbarischen Riten und die finsteren Bräuche eurer Heiligtümer wieder auf.

Euch allein sei gewährt, die Gründe zu kennen, sowie die Wirkmächte des Himmels oder euch allein, sie nicht zu kennen.

Ihr bewohnt die tiefen Wälder, wo kein Licht hinreicht.

Unter eurer Urheberschaft eilen die Totenschatten nicht zu der schweigenden Wohnstätte des Erebus und zum blassen Reich des Dis in der Tiefe sondern der gleiche Lebenshauch lenkt die Körperglieder in einem anderen Himmelsgewölbe.

Der Tod ist die Mitte eines langen Lebens, wenn ihr singt, was euch bekannt ist.

Gewiss sind die Völker, auf welche die beiden Bären [die Sternbilder nördlich der Alpen] hinabblicken ob ihres Irrens glücklich, welche jener größte der Schrecken, nämlich die Furcht vor dem Tod nicht bedrängt.“

Strabo IV 4,4

„Sie sind von der Unsterblichkeit der menschlichen Seele überzeugt; ich würde sie deswegen für dumm halten, stimmten die Vorstellungen dieser bärtigen Barbaren nicht mit Ideen überein, die auch Pythagoras, den das Pallium schmückte, vertreten hat.“

Marcus Annaeus Lucanus in Pharsalia,
De bello civilis, I,450 ff.

„Die Druiden lehren, dass die Seele unsterblich sei und dass bei den Verstorbenen nach dem Tod ein neues Leben beginne.

Daher verbrennen und bestatten sie mit den Toten zusammen Dinge, die fürs Leben geeignet sind."

Valerius Maximus (II,6,60)

„Bei ihnen herrscht die Lehre des Pythagoras, dass die Seelen der Menschen unsterblich seien und nach Ablauf einer bestimmten Zahl von Jahren wieder ins Leben treten. Andererseits kann der gedankliche Ansatz einer dreieinigen Logik als Trinität der zeitlosen Seele, wie aus keltischer Kultur überliefert, mit aktuell naturwissenschaftlicher Erkenntnis in der Moderne weiter gedacht werden: Die (gedankliche) Wiedergeburt durch die gelebte Gegenwart (Ewigkeit), indem die Seele in einen neuen Körper übergeht."

Pomponius Mela III,19

„Was ist Wiedergeburt? Auffällig sind die Vergleiche mit den bedeutsamen Rahmenbedingungen der Menschen wie etwa Geburt oder aus dem Schlaf aufwachen.

Solch bildhaft vergleichendes Denken ist verständlich: Menschen wünschen sich Sicherheit im Chaos der Wahrheit einer Naturgewalt von Himmel und Erde; das ganze Streben richtet sich danach, Geborgenheit in allen Lebensbereichen zu finden."

Diodor V 28,6

Das real erlebte, geschützte Dasein als Embryo im Mutterleib soll angeblich oder vermutlich eine Ur-Sehnsucht von Menschen sein. Ebenso könnte dieser Traum vom ewigen Leben ein uralter Menschheitstraum sein.

So entstanden auch die unterschiedlichsten Vorstellungen und die Theorien aus Metaphysik und Religion zum Begriff von Wiedergeburt.

Es entstanden Vorstellungen in Glaubensrichtungen, wie etwa die Lehre von den letzten Dingen (Eschatologie), die Wiederverkörperung oder die Reinkarnation, die Karmalehre, die Seelenwanderung, die Auferstehung oder die Auferweckung und Ähnliches.

Die Phantasie setzt hierbei keinerlei Grenzen. Diese Art Themen füllen ganze Bibliotheken. Dabei wird die bekannte oder unbekannte kosmische Wirklichkeit der Anderswelt nicht im Geringsten behindert.

Eine entscheidende Frage ist:

Was bedeutet ewig?

Bis ins 20te Jahrhundert musste der Zeitbegriff „ewig" mittels Vergleich erfasst werden.

Die Ewigkeit ist eine als linear betrachtete, historisch unvorstellbar lange Dauer ohne irgendein Ende.

Erst durch die Erkenntnis der Relativität von Zeit und deren Bezug zu Position und Geschwindigkeit im Raum entstand ein neues Paradoxon: Sich unablässig wiederholende Momente als zeitlose, gleichzeitige Gegenwart.

Seither können die Bedeutungen von ewig, unvergänglich und unsterblich, im übertragenen Sinne, als zeitlose Gegenwart verstanden werden.

Wann, wo und wie
findet Wiedergeburt statt?

Die **Betrachtung 1**: Zeit ist ein paradox zeitloser, nicht messbarer Moment von Gegenwart.

Davon ausgehend, findet auch jenes, was von den Menschen früherer Zeiten als Wiedergeburt bezeichnet wurde, sich unablässig wiederholend statt.

Die **Betrachung 2**: Die Geburt und der Tod von Lebendigem haben eine exakte Polarität des Lebendigen, mit Anfang und Ende, ohne weitere Bedeutung oder Auslegung, sondern sind einfach eine biologische Tatsache.

Der Sinn von Gegenwart ergibt sich hierbei als die Verbindung der vergangenen mit den zukünftigen Momenten.

Die **Betrachtung 3**: Transzendenz ist mehr als nur ein Wahn der Sinne, wie es uns aus den Richtungen von Neurologie und Psychologie beigebracht wird.

Die natürliche Hauptaufgabe der Wahrnehmung durch den Menschen besteht darin, all jenes wahrzunehmen, was als unbekannte Wirklichkeit ständig präsent ist.
Dies ist nicht die Normalität von Realität der Menschen.

Der die Wahrnehmung verlassende Bereich, die Transzendenz, ist auch in der absoluten Normalität der menschlichen Gegenwart verkörpert.

Die **Erkenntnis**:

Eine Wiedergeburt findet auf diese Art und Weise ständig statt.

Das eigentliche Ziel menschlicher Existenz ist die Wiedergeburt in der gelebten Gegenwart, der immer währenden Ewigkeit.

Wirklich dauerhaft glückliche Menschen haben stets den Himmel auf Erden, in der absoluten Wissensgewissheit um die Verknüpfungen von Vergangenheit und Zukunft als Gegenwart.

KODEX der
DRUIDEN des TAO

12 + 1 Tugenden

Aus der Überlieferung von Atalant stehen den souveränen, frei denkenden und frei handelnden, nicht allzu fremdgesteuerten Menschen, 12 + 1 Tugenden zur Verfügung, die zum Erleben sowie zum Überleben aller beitragen sollen.

Die Tugenden gelten für alle Menschen gleichermaßen.

Druiden des TAO folgen dem einheitlichen Kodex.

Der Begriff Tugend ist unterschiedlich definiert, als: Tüchtigkeit oder Kraft sowie als Brauchbarkeit.

Die Atalanter verstanden darunter, sittlich einwandfreie, hervorragende und vorbildliche Eigenschaften, um in einer Gemeinschaft bestehen zu können und anerkannt zu sein.

Um sich Souveränität und persönliche Harmonie zu erhalten braucht der Mensch ein reines Gewissen.

Maßstäbe, wie die Tugenden, sind dafür geeignet, sich selbst entsprechend zu organisieren und Orientierung zu finden, wenn man im Leben eine Entscheidung treffen muss.

Zum Themenbereich Souveränität fand ich folgende Erklärung: Unter Souverän (lateinisch superanus: "über allem stehend", "überlegen") versteht man den Inhaber der Staatsgewalt, häufig ein König oder Fürst.

Daraus folgend wurde der Begriff "Souveränität" im 16ten Jahrhundert durch den französischen Staatsphilosophen Jean Bodin geprägt.

Er meinte damit einzig die unbeschränkte Konzentration aller rechtlichen und physischen, staatlichen Gewalt in den Händen des Königs.

Nach Jean Bodin könnte nur dadurch die Sicherheit und der Frieden im Lande garantiert werden.

In der Rechtswissenschaft versteht man unter Souveränität die Fähigkeit einer natürlichen oder juristischen Person zur Selbstbestimmung.

Die Fähigkeit zur Selbstbestimmung wird gekennzeichnet durch Eigenständigkeit und Unabhängigkeit. Sie grenzt sich so vom Zustand der Fremdbestimmung ab.

Im Zusammenhang mit dem Kodex verstehe ich unter Souveränität ebenfalls die Befähigung zur Eigenständigkeit und zu Selbstbestimmung.

Frei nach Bodin bedeutet dies: Werde Dein eigener Souverän, Dein eigener, für Dich selbst und für andere verantwortlicher König (für Frauen gilt entsprechend die Königin).

Nur dadurch erlangst Du Sicherheit und Frieden im ganz persönlichen Land (geistigen Kosmos) Deines Denkens und Handelns sowie in Deinem Umfeld.

Um wirklich souverän denken und handeln zu können, musst Du den Sinn Deines Lebens anheben, das sinnbringende Niveau Deiner Ansprüche wahrhaft königlich werden lassen.

Souveränität ist somit auch
ein Göttliches Prinzip des Seins.

Danach zu streben und die Souveränität stabil halten zu können, entspricht der Seele TAO, dem Geistigen sowie dem Göttlichen.

Damit verbinden wir auch die hochwertige Qualität von reiner Liebe im souverän geführten Lebenslauf. In dieser Denkart gilt es das Niveau immer mehr anzuheben, im Selbstwert, dem Selbstbewusstsein sowie in der Liebesfähigkeit für sich selbst und für alle anderen, Menschen wie Wesenheiten.

Souveränität ist die Basis dafür, die Voraussetzung, sich selbst und damit auch andere vorbehaltlos lieben zu können.

Das "Große Spiel", des Kosmos und hier besonders des Lebens, bekommt eine völlig andere Qualität im Dasein, wenn wir uns in Souveränität üben.

In der Wahrnehmung bedingungsloser Liebe sind wir über alle Massen souverän. Denn Bedingungslosigkeit beinhaltet die völlige Selbstbestimmung, im Vollbesitz der eigenen Entscheidungsfähigkeit.

Aus diesem Geiste heraus, einer mit vollen Händen verschenkten Liebe, ist dies unendlich viel mehr als alles, was gemeinhin zum irdisch menschlichen Dasein gerechnet wird.

Bedingungslose Liebe drückt die Liebesfähigkeit von Wesenheiten aus, die noch unmittelbar mit dem Göttlichen in Kontakt stehen.

Hier ist weder die körperliche Liebe gemeint, noch die aus dem Verstand, dem analytisch berechnenden Geist, heraus geborene.

Die körperliche Liebe ist eigentlich nur zur Erhaltung der Arten wichtig (nicht allein der menschlichen). Sie ist gleichbedeutend mit der sexuell magnetischen Anziehungskraft beim Leben und damit bei den Lebewesen, die bestenfalls in der Sehnsucht nach Zuneigung oder Zuwendung und Geborgenheit gipfelt.

Die Art Liebe aus dem Verstand heraus ist eine durchdachte, von Berechnungen geprägte, wägende Form der Liebe.

Sie dürstet nach mentaler Übereinstimmung und dem geistigen Gleichklang. Sie beinhaltet ein Besitztum, ein Habenmüssen der so genannten "besseren Hälfte".

Diese intellektuelle Liebesform fordert geradezu "Wenn-dann"-Bedingungen:

"Liebst Du mich (nicht), dann liebe ich Dich auch (nicht)."

Hierzu fügt sich: "Ich missachte Dich.", oder schlimmer: "Dann hasse ich Dich.", mit dem Beisatz "Ich verachte Dich."

Derartige Betrachtungen schliessen selbstverständlich nicht aus, dass jemand, der in seiner Wesensart bedingungslos liebt, nicht auch zur körperlichen Liebe und zur verstandesmässigen Liebe fähig ist.

In jedem Falle wahrt die bedingungslos liebende Wesenheit die Achtung vor den beteiligten Lebewesen, natürlich dem Leben an sich, vor den aus dem Geistigen entstandenen Gesetzmäßigkeiten im "Großen Spiel" und, ohne Wenn und Aber, vor dem allgegenwärtig anwesenden Göttlichen.

24

Der Kodex:

Als DRUIDE des TAO,
im Bewusstsein
eines Geistigen Wesens, gelobe ich:

Als persönlicher Souverän und in bedingungsloser Liebe die folgenden 12 + 1 Tugenden zu wahren und dafür zu sorgen, dass deren Inhalte möglichst vielen Menschen zugänglich sind sowie auch von den Menschen meines Umfeldes eingehalten werden.

Die Tugenden sind:

01) Freiheit
02) Mut, Kühnheit und Tapferkeit
03) Großmut, Demut, Sanftmut, Freimut
04) Offenheit, Wahrhaftigkeit, Ehrlichkeit
05) Gleichberechtigung
06) Treue
07) Freundschaft
08) Zähigkeit und Ausdauer
09) Arbeitsamkeit
10) Vergeltung, Ausgleich
11) Glauben, Wissen und Weisheit
12) Pflicht zum Widerstand

+1) Humor

Diesen Tugenden widme ich mein Denken, Handeln und Sein im "Großen Spiel" des geistigen Kosmos, im Universum sowie im Leben.

Ferner halte ich mich in meinem menschlichen Dasein an das:

Freiheitsgelöbnis

„Ich achte respektvoll die Unantastbarkeit und die Würde jedes einzelnen Menschen. Ich bin überzeugt, dass allen menschlichen Wesen vom Göttlichen das gleiche Recht auf Freiheit gegeben wurde.

Ich verspreche, jedem Angriff auf die Freiheit und der diktatorischen Tyrannei Widerstand zu leisten, wo und auf welche Art und Weise auch immer sie auftreten mögen."

All dies gelobe ich vor dem Göttlichen TAO, unser aller Ursprung, und vor dem eigenen Geistigen TAO-Sein.

Ich bin mir bewusst, dass mein TAO-Dasein über mein eigennütziges Erleben als Lebewesen weit hinausreicht.

Meine Verantwortlichkeit erstreckt sich deshalb allumfassend auf das Geschehen im "Großen Spiel", im geistigen Kosmos sowie im physikalischen Universum.

Ich, TAO, die Seele selbst, gelobe zudem, allen Mitwesen die Freiheit im Geiste zuzugestehen.

Mein Bestreben besteht darin, allen Wesen ihre Transformation zu ermöglichen, damit wir gemeinsam beim Göttlichen TAO sein können.

Erläuternde Gedanken:

Damit jeder eine Vorstellung davon bekommt, was unter der jeweiligen Tugend zu verstehen ist, versuche ich im Folgenden meine Gedanken dazu mitzuteilen.

Mir erscheint es wichtig, dass wir alle zusammen etwa die gleiche Vorstellung von den Tugenden bekommen.

Nur so können wir auch gemeinschaftlich mit dem Kodex der Druiden des TAO übereinstimmen.

Selbstverständlich erwarte ich nicht, dass jedermann meine Gedankengänge vollständig teilt.

Schließlich gilt auch hier:

"Für Dich ist nur wahr, was Du selbst als wahr annehmen und für Dich selbst akzeptieren kannst."

In diesem Sinne lasst uns also miteinander, zum Nutzen von uns selbst, unseren Mitmenschen und der gesamten Menschheit, die 12 + 1 Tugenden anstreben.

01) Freiheit

Allgemein wird sie definiert als:
Unabhängigkeit von Zwang oder Bevormundung.

Dafür werden Menschen mit Vorrechten oder Privilegien ausgestattet.

Der Drang nach Freiheit ist demnach einfach das starke Bedürfnis frei und unabhängig zu sein und seine Rechte einzufordern.

Allerdings stößt dieses Bedürfnis sehr schnell an Grenzen, sobald es darum geht, sich mit seinen Mitmenschen auseinanderzusetzen.

Der Grad an Freiheit, die jemand für sich beansprucht, misst sich immer auch an der Freiheit anderer. Freiheitsrechte regeln daher ebenso das Recht einzelner Menschen im Verhältnis zu seinen Mitmenschen.

In dem Rahmen einer Verfassung, als einer Art Sittengesetz, wird festgelegt und bestimmt, alles so zu tun, damit die Rechte des jeweils anderen nicht verletzt werden.

Frei zu sein hat zudem unmittelbar etwas mit Selbstbestimmung zu tun.

Jegliche Art von Fremdbestimmung schränkt die Freiheit mehr oder weniger ein. Diese Selbstbestimmung war in früheren Zeiten manchmal wichtiger als das Leben. Es ging bei den stolzen Vorfahren um ihre Ehre; wie beispielsweise in Griechenland oder Germanien oder .... .

Unter Freiheitsstrafe versteht man grundsätzlich den vorsätzlich herbeigeführten Entzug dieser Art von Selbstbestimmung sowie der persönlichen Freizügigkeit. In Zuchthäusern oder Gefängnissen, heute Justizvollzugsanstalten, finden wir die Entsprechung einer solchen Situation der Fremdsteuerung in Reinkultur.

Nicht nur Rechtswissenschaftler wissen jedoch: Sogar in solchen eingeengten Lebensverhältnissen wächst ein dynamischer Prozess, der dem Freiheitsentzug entgegen wirkt.

In Gefängnissen entstehen nämlich immer eigene, soziale Strukturen mit Über-, Unterordnung, mit Freundschaften oder Feindschaften sowie entsprechender Zugehörigkeit bei Gruppenbildungen.

Diese engen Gettos (abgeschlossene Wohnviertel) der Kriminalität können die ansonsten „freien" Menschen bestenfalls kurzzeitig vor Unrecht schützen.

Denn der Entzug von Freiheit, egal welcher Art, hat ganz sicher keinen Effekt, wenn es darum geht, kriminelles Verhalten langfristig abzubauen.

Es kommt sowieso nicht nur darauf an zu wissen wovon man sich befreien muss sondern vielmehr wofür man frei sein möchte. Wo soll die Freiheit hinführen? Zu welchem Zweck, mit welchen Zielen sollen Menschen überhaupt frei sein?

Das Freiheitsdenken muss also auch zugleich mit den Vorstellungen von Zielen, von zielgerichteter oder ebenso gegen die Ziele gerichteter Konsequenz und von Disziplin einhergehen.

Die äußere Freiheit ist überhaupt als nachrangig anzusehen, gegenüber dem Denken in Freiheit.

So heißt es in einem politisches Freiheitslied deutscher Freidenker (von zirka 1790, 1841 bearbeitet durch Hoffmann von Fallersleben) provozierend: "Die Gedanken sind frei, wer kann sie erraten?"

Die Phantasie und die Vorstellungskraft bestimmen demzufolge die Befähigung zur Freiheit.

Man kann zwar bei Menschen die körperliche Bewegungsfreiheit einschränken, damit wird allerdings das geistige Potenzial des Freiseins nur unwesentlich beschnitten.

Beispiele dafür finden wir speziell in Klöstern und Tempeln: Obwohl Bewohner ein Leben lang die Stätte nicht verlassen können oder dürfen, fühlt sich dort kaum einer als Gefangener.

Im Gegenteil: Erst die allgemeine, mentale oder auch religiöse Zielvorstellung eröffnet für diese Mönche oder Nonnen neue Horizonte des Denkens und der Wahrnehmung.

Es entsteht geradezu eine Loslösung von der materiellen Körperlichkeit, hin zu geistiger Beweglichkeit und fortwährender Befreiung.

Begrenzende Wände werden auf diese Art und Weise ebenso unwichtig, wie die Scheingrenzen einer moralisierenden Gesellschaft.

Selbst das Gefangensein im eigenen Körper wird überwunden, wenn geistige Freiheit durch die Erkenntnis realisiert wird, dass es ein Leben danach gibt.

Vielerlei, die Freiheit einengende Ängste, Zwänge und Verlustvorstellungen und andere über den Körper spürbare, von ihm mitgetragene Negativ-Emotionen, verbunden mit alten Glaubenssätzen, lösen sich in Nichts auf, sobald die geistige Fähigkeit im Denken sich darüber erhebt.

Die allerhöchste Form der Freiheit finden wir dabei ganz offensichtlich in der Betrachtung sowie dem Wahrnehmbaren, dem Erfahren des Göttlichen.

Religiöse Faszination sprengt tatsächlich alle Grenzen und Beschränkungen, die einem vom materiellen, weltlich konstruierten Umfeld aufgezwungen werden.

Vermutlich hatten aus diesem Grunde die vielfältigen Religionen dieses Planeten entscheidende Erfolge bei ihrer Verbreitung, zumindest anfangs.

Doch sobald sie institutionalisiert und organisiert wurden verloren die Religionen ihre befreiende Kraft.

Dogmen (Lehrsätze, Meinungen, Verordnungen), menschliche Auslegungen und Bewertungen holten die zum Göttlichen aufgestiegene Freiheit auf den Boden des Weltlichen zurück.

Aus dieser Betrachtung ergibt sich die logische Schlussfolgerung: Je materieller die Denkvorgänge ablaufen, desto intensiver wird die Gefangenschaft.

Der Umkehrschluss lautet demnach: Je Geistiger oder Göttlicher wir uns mit Hilfe der Vorstellung von Freiheit, über die Denkweise von „Unfreiheit" erheben, desto sicherer entfliehen wir dem Gefängnis.

Auch die allerschwierigsten Lebensumstände werden auf diese Art und Weise buchstäblich leichter und erträglicher.

Das „Spiel des Lebens" (einer später hinzu gekommenen Variation des „Großen Spieles") erhält dadurch selbstbestimmte (vom Selbst bestimmte) Spielregeln.

02) Mut, Kühnheit und Tapferkeit

Germanen sowie Kelten gingen sprichwörtlich wagemutig und ohne jede Furcht in die Schlacht und teilweise in den sicheren Tod.

Mit wildem, teutonischem Kampfesmut, einer wütenden Raserei, dem „Furor", wie ihn die Römer voller Respekt bezeichneten, zogen die nordischen Krieger in den Kampf.

Der Begriff „Furore" wird heutzutage gebraucht für: „Großes Aufsehen erregen" beziehungsweise „großen Erfolg haben". Im Italienischen ist das Wort "Furore" jedoch noch immer die Bezeichnung für "Raserei".

Der Mut beinhaltet offensichtlich eine kraftvolle, vorwärtsdrängende, expansive Qualität im Tun.

Hierbei sind moralisch einengende Begriffsinhalte für „Gut" oder „Böse" vorerst nicht wirklich wichtig. Auch der Mut für solch einen Furor ist mit völlig neutralen Augen zu betrachten.

Obwohl auch zerstörerische sowie selbstzerstörerische Inhalte dabei eine Rolle spielten, brachte diese übermächtige Kraft viele Menschen in Bewegung und veränderte Welten und ihre Systeme.

MUT ist also:

Machtvolle **U**nbezwingbare **T**atkraft.

Ohne diesen enormen, intensiven Drang auch Ungewöhnliches zu tun, geschieht letztlich nicht viel mehr, als von langfristig geplanten Automatismen getragene, gleichförmige Entwicklungen.

Erst fortwährend voranschreitender MUT bewirkt somit sowohl Revolution als auch Evolution.

Mut ist ein allen Wesen innewohnender Antrieb zu Veränderung und Erweiterung im Leben.

Kreative Veränderung ist dabei gleichbedeutend mit ständiger Erschaffung - eine herausragende Fähigkeit der Geistigen Wesen.

Wie Lao Tse richtig erkannte:

„Das einzig Beständige
ist der Wandel."

Das außerordentlich tugendhafte am Mut ist somit in erster Linie, die von Angst befreite Befähigung zu expansiver Erweiterung, zu Forscherdrang und kreativem Handeln.

Das Gegenteil von Mut sind die Sorge, die Furcht und die Angst bis hin zu einem krankhaft übersteigerten Sicherheitsbedürfnis.

Da Angst sich auch körperlich in einem Gefühl von Enge äußert, sie darin auch ihren Wortstamm hat, ist sie gewissermaßen der natürliche Gegenspieler von Mut.

Mit der Verbreitung von Angst wird Expansion be- und schließlich verhindert. Eine Gesellschaft die in ständiger Angst gehalten wird, expandiert nicht. Weder die einzelnen Wesen noch ihre Gesamtheit vermögen sich zu vergrößern.

Die menschlichen Wesen verlieren in solch einem System sowohl ihre Kreativität als auch ihre Schaffenskraft.

Mehr Mut im Leben und zum Leben sprengt die Grenzen der Angst, lässt wieder Wachstum und Entwicklung zu.

Dieser MUT ist somit zugleich auch der Feind von Regierungen, die vermehrt Angst verbreiten wollen, um ihre Untertanen zu versklaven.

Furore, Aufsehen erregender, großer Erfolg, entsteht aus der Überwindung von Angst und Enge.

Kühnheit, Tapferkeit ergänzen den Mut feinsinnig. Während Mut nämlich jene stabile, hochwertig geistige Einstellung ist, gepaart mit seiner enormen Tatkraft, ist er gewissermaßen die grobe Kelle.

Kühnheit und Tapferkeit differenzieren zwar, verwirklichen aber dennoch mit entsprechenden Aktivitäten den Mut und diese Einstellung.

Sie wirken einerseits abwägend, werden der Einstellung andererseits wiederum im Tun gerecht.

Hier fügen sich zu purem Mut die Qualitäten von emotional geprägter Stärke, überlegender, strategischer Intelligenz und vorwärts strebender Keckheit. Dies sind die Grundlagen für einen daraus erwachsenden Heldenmut.

Es ist die Vorgehensweise von Helden, von den Menschen mit hochfliegenden Visionen, gemeinsam mit intensiven, hochtonigen Emotionen und wiederum mit dem intellektuellen Abwägen. Erst die alles wagende Keckheit macht letztlich wieder den Helden aus.

Zyniker haben zwar behauptet: „Für die Helden werden Gedenksteine gesetzt, während die anderen überleben." Doch dies ist so keineswegs wahr.

Bei der Betrachtung von Mythen, Überlieferungen und Erzählungen, über Heldengestalten, beispielsweise der überlieferten Heldensagen der Griechen, Germanen oder ..., sind es vielmehr die aus der Masse herausragenden Helden, die außergewöhnliche Fähigkeiten oder Ideen oder Strategien zum Überleben entwickelt haben.

Ihre Aktivitäten sind meistens sogar darauf gerichtet, auch das Überleben ihrer Mitmenschen zu sichern oder zu verbessern.

Das Besondere:
Helden trauen sich einfach mehr!

Dieses "sich trauen", trotz der offensichtlich übermächtigen Gefahr, führt bei den Mitmenschen sogar zu einem Vertrauensvorschuss, den bekennende oder erkennbare Helden grundsätzlich genießen.

Deshalb stehen Astronauten, Polarforscher oder auch Feuerwehrmänner sowie Rettungssanitäter sehr hoch im Wertesystem der Menschen.

Helden des Alltags werden zwar nicht immer als solche wahrgenommen, doch, wenn es hart auf hart kommt sind sie die ersten, die ihren Mitmenschen hilfreich zur Seite stehen.

Das Zutrauen zu solch heldenhaften Persönlichkeiten wächst, je häufiger ihr Heldenmut erfolgreich zum Einsatz kommt.

Einander zu trauen, also speziell zu vertrauen, scheint demnach tatsächlich eine wichtige Grundvoraussetzung für die Entwicklung von Verhaltensweisen zu sein, die Helden hervorbringen.

Solche Menschen, die auch anderen etwas zutrauen können, haben hinreichend Mitgefühl, in der Art und Weise vom aufeinander zugehen, sich zueinander hin zu trauen, also Zutrauen zu den Mitmenschen zu haben.

Damit wachsen Menschen über sich selbst, über ihr eigennütziges Ego, hinaus. Sie ordnen ihr Ego und damit ihr eigenes Leben, dem Gemeinwohl unter – dabei erleben wir die „Geburtsstunde" von Helden.

Das Gegenteil von Zutrauen, das Misstrauen, sowohl gegen sich selbst als auch gegenüber anderen, ist tödlich für die Attribute Kühnheit und Tapferkeit.

In dem Klima des abnehmenden Vertrauens gedeihen eher Eifersucht, Neid und Missgunst, bis hin zu bösartigem Verrat.

Diese niederen Zustände zerteilen und vernichten jede Art von Gemeinschaften. Sie vereinzeln die Menschen zunehmend und lassen ihr im Grunde starkes Ego schrumpfen, hin zu Egoismus und minderwertiger Egozentrik.

Die Helden hingegen haben ein sehr hohes Selbstvertrauen - ein Vertrauen in sich selbst, das eigene Selbst, das Geistige sowie das Göttliche TAO. Wer kühn voranschreitet vertraut einfach auf seine höheren Fähigkeiten. Der Held gewinnt immer, auch dann, wenn er unterliegt. Er gewinnt als Vorbild in jeder Lebenslage, speziell gegenüber jenen, die auch bei anderen Menschen weniger Vertrauen genießen, entsprechend dem universell gültigen Motto:

**Wer vertraut gewinnt!
Deshalb auch:
Wem man vertraut, der wird zum
Gewinner.**

Darauf durften jahrzehntelang die Banken und Sparkassen bauen.

03) Großmut, Demut, Sanftmut, Freimut

Die Tugend Mut bedeutet: Sich selbst anzuerkennen, zu akzeptieren, dass man der ist, der man ist, dass man einfach zu sich selbst steht. Das sollte weder vor sich selbst noch vor der Welt verheimlicht werden.

Diese Tugend umfasst somit ebenso, den anderen Menschen offen entgegen zu treten, deren sowohl individuelles als auch soziales Anderssein verständnisvoll zu akzeptieren und zu respektieren.

Die Größe des Mutes, mit dem Menschen sich begegnen, misst sich an ihrer Angstfreiheit, dem Verstehen, dem Verständnis und dem gegenseitigen Respekt.

Nur wer sich selbst, wie in einem Spiegel, wahrnehmen und annehmen kann, ist auch in der Lage anderen Menschen respektvoll zu begegnen.

Persönliche Größe erwächst dabei aus der hohen Befähigung sogar die eigenen Minderwertigkeiten ehrlich anzunehmen, zu versuchen sie selbstbestimmt zu bewältigen und nicht auf andere zu projizieren.

Der Wert aller Menschen wächst dabei mit der Erkenntnisfähigkeit zum eigenen Selbst.

Jeder einzelne sollte dazu zwar gegen sich selbst sehr strenge Maßstäbe anlegen, allen anderen Menschen gegenüber jedoch großherzig und großzügig sein und entsprechend Großmut beweisen.

Großmut und Großzügigkeit wurden von unseren Vorvätern (aller nur denkbarer Kulturen) als besonders große Stärken angesehen.

Schließlich sind wir das große SELBST: Selbstbestimmtes, selbstverständliches und selbstbewusstes TAO, das Geistige Wesen, die Seele.

Die Mut-Tugenden wurden zeitweilig allerdings, absichtlich missbraucht, für das genaue Gegenteil.

So wurde unter der Begriffsbezeichnung Demut der MUT mit Absicht demontiert oder demoliert.

Dabei kommt Demut aus dem Althochdeutschen und zwar von: dio (Knecht oder Diener) + muot (Mut), eigentlich also die hochwertig wertvolle Gesinnung eines wohlwollend Dienenden.

Diese tiefe Liebe zum Dienen wurde und wird von hinterhältigen Möchtegern-Mächtigen benutzt und ausgenutzt, um den wahrhaft Macht- weil Mut-vollen die Kraft zu nehmen, sie gefügig zu machen.

Über diese abgewertete Demut wird speziell von moralisch starken Menschen tiefe Bescheidenheit gefordert. Es wird Selbsterniedrigung herbeigeführt und somit Unterwürfigkeit produziert.

Jede Forderung nach übertriebener Achtsamkeit und geradezu mutloser Vorsicht behindert und stoppt die Aktivitäten des Mutes.

Damit sind keineswegs die dem Geistigen Wesen angemessene sowie außerdem menschlich sinnvolle Einsicht sowie moralisch hochwertige Rücksicht gemeint.

Die Fähigkeit zur Einsicht und die Rücksichtnahme sind nämlich Ausdruck des wahren, weil gewaltfreien Sanftmutes.

Zum Sanftmut gehört auch der vernünftige Umgang mit zielgerichteter Absicht. Denn eine viel zu hartnäckig ausgeübte, überwältigende Absicht, ein dadurch zu heftiger Mut, drängt das Gegenüber an die Wand.

Der Furor (als „die Angriffslust") trägt in Gesellschaften, im Besonderen in der Gegenwart, auch die Verpflichtung zur sozialen Anteilnahme, zum menschlichen Miteinander und schließlich zu zwischenmenschlichem Sanftmut in sich.

In dem sozial gefügten Zusammen-Leben geht es nicht mehr nur um die strikte Durchsetzung von eigenen Ego-Zielen, sondern außerdem um die hilfreiche Gewährung von Lebens- und Entwicklungsräumen für Andere (Menschen, Tiere und Pflanzen), im großen Zueinander.

Der Sanftmut fördert die Erkenntnis von gemeinschaftlichem Erleben sowie der Mildtätigkeit gegenüber Schwächeren.

Die Demut dient dazu der Durchsetzung einer Weltsicht mit der wir Wesenheiten nicht vereinzelt um das Überleben kämpfen müssen, sondern mit der wir alle zusammen in beständigem Wohlstand leben können.

Sobald sich der Demütige (oder gedemütigte) nämlich wieder auf seine wahre Stärke besinnt, erwächst aus ihm der Freimut (aus dem Mittelhochdeutschen: vrimuot, als „freier, kühner Mut").
Dieser bezeichnet eine Charaktereigenschaft bei der sein Träger sowohl seine Gesinnung als auch seine Meinung wiederum offen zu erkennen gibt.

Nichts wird von ihm, mit übertriebener Rücksicht auf möglichen Widerspruch oder gesellschaftliche Konventionen, mit Falsch dargestellt oder unterdrückt.
Der Recke (der sich aufreckende Ritter) richtet sich auf, widerspricht jeglichem Fehlverhalten. Er widersetzt sich sogar dem der vorgeblich Mächtigen.

04) Offenheit, Wahrhaftigkeit, Ehrlichkeit

Im Fahrwasser des Mutes, besonders des Freimutes, bewegen wir uns, wenn wir uns zu Offenheit, Wahrhaftigkeit und Ehrlichkeit bekennen.

Menschen mit viel Offenheit sind extrovertiert, somit weltoffen und sie werden charakterisiert mit einfallsreich, originell, erfinderisch, phantasievoll.

Sie sind offen für allerlei neue Ideen und neugierig auf neue Aktivitäten, neue Reiseziele, neues Essen, neue … .

Dies entspricht ihrer Vorliebe für Abwechslung statt Langeweile und ewiger Routine.

Ihr Interesse an Ästhetischem, an Kunst, Musik und Poesie, deckt sich mit dem Interesse an den eigenen und an fremden Emotionen.

Offene Menschen sich bereit und in der Lage, traditionelle Werte auch einmal in Frage zu stellen.

**„Deine Offenheit ehre ich wie Deinen
Mut und Freigebigkeit.
Aber sie sind nur Tugenden,
wo sie hingehören."**

Johann Wolfgang von Goethe

Im Gegensatz dazu wendet sich nach allgemeiner Auffassung die Wahrhaftigkeit nach innen. Das soll heißen, sie lebt in der Beziehung des Menschen zu sich selbst.

Wahrhaftigkeit und Ehrlichkeit verbinden sich zum Gewissen, das sicher in allen Menschen vorhanden ist.

Das von Wahrhaftigkeit mitgetragene Gewissen ist ein grundsätzlicher Kompass über das mögliche Wissen von richtig und / oder falsch.

Die Wahrhaftigkeit bedeutet die innere Durchsichtigkeit, das freie Einstehen des Menschen zu sich selbst.

Albert Schweitzer sieht in der Wahrhaftigkeit vor allem die Treue zu sich selbst.

Die Kant'sche Philosophie sieht in der Wahrhaftigkeit die ausnahmslose „Pflicht", zur unbedingten Wahrheit zu stehen. Demnach handelt es sich bei ihr um ein ethisch hochwertiges Vernunftgebot.

Offenheit und Wahrhaftigkeit gipfeln in Ehrlichkeit, der sittlichen Eigenschaft des Ehrlichseins (von „ehrlich", ahd. „êrlîh", mhd. „êrlîch").

Die Ehrlichkeit wird meist in der Verbindung mit Redlichkeit, Aufrichtigkeit, Wahrhaftigkeit, Offenheit, Geradlinigkeit und Fairness gesehen und verwendet. Die Ehre (Ehrenhaftigkeit) kann als Persönlichkeitsattribut, als das Ergebnis der Ehrlichkeit (ehrlichen Verhaltens) angesehen werden.

Die Lüge, das Gegenteil von Wahrhaftigkeit und Ehrlichkeit, verletzt die Würde der menschlichen Persönlichkeit.

Daher lautet die zentrale Forderung an die Pädagogik, seit der Aufklärung: „Die Erziehung zur Ehrlichkeit sei die Verabscheuung der Lüge."

In der Neuzeit hat sich eine Erweiterung der Bedeutung vollzogen: Als »ehrlich« werden jetzt auch jene Menschen angesehen, die offen zu sich selbst stehen, die ihre eigenen Macken, ihre Defizite, ihre entwicklungsbedingten Störungen und dergleichen reflektieren und nicht beschönigen.

Unterschieden wird zwischen der Ehrlichkeit im Reden, was bedeutet, die Wahrheit zu sagen, und der Ehrlichkeit im Verhalten.

Zum Beispiel ist unehrlich, wer andere manipuliert, täuscht oder ihnen einfach schadet.

Unehrlichkeit zeigt sich ebenso darin, wenn jemand einen Auftrag sachlich nicht zu Ende bringt.

> Vorausgesetzt, er handelt im Sinne eines fairen Auftraggebers und soll mehr erreichen, als nur seinen eigenen Vorteil wahrzunehmen.

Offenheit, Wahrhaftigkeit und Ehrlichkeit können als wichtige Maßstäbe für Ethik und damit für Vernunft gelten, besonders im Miteinander der Menschen, aber auch mit allen Lebewesen und mit der Natur.

„Sieh zu, dass Du ein ehrlicher Mensch wirst, denn damit sorgst Du dafür, dass es einen Schurken weniger auf der Welt gibt."

Thomas Carlyle

05) Gleichberechtigung

Gleichberechtigung heißt ohne Wenn und Aber:

Gleiches Recht für alle Menschen ohne Ansehen von Rasse, Volkszugehörigkeit, Geschlecht, Religionsanschauung, persönlicher Neigung oder Meinung.

So war beispielsweise die Gleichwertigkeit der Geschlechter eine der hochgradig herausragenden Tugenden; dies speziell im kelto-germanischen Kulturkreis der Vorzeit sowie bei griechischen Vordenkern für europäische Lebensweisen. Sie stellte zweifellos einfach ihre Art miteinander zu leben dar.

Eine Emanzipation, als die Befreiung von abhängig machender Bevormundung, eines der Geschlechter vom jeweils anderen, war also nicht nötig.

Weder die unterdrückten Männer noch depressiv gemachte Frauen haben es bei gegenseitiger Gleichberechtigung nötig, sich gegenüber dem jeweils anderen Geschlecht Freiheiten oder Freiräume zu erkämpfen.

Das gegenseitige Gewähren von geistigem sowie physischem Raum, also ein sich untereinander Gönnen freier Denkarten und von Freizügigkeit beim Knüpfen von Beziehungen, ist Voraussetzung für eine gute Beziehung zwischen allen Menschen.

Beginnen Menschen (oder ein System) um sich herum, mehr Raum auf Kosten der anderen zu beanspruchen, wird dieser unwürdige Vorgang ganz schnell zur einengenden Unterdrückung.

Gleicher Wert für alle Menschen ist eine uralte Forderung. In den neuzeitlicheren Systemen wurde sie aber selten bis nie verwirklicht.

Immer wieder gab und gibt es Personen die sich über andere erheben und meinen mehr Wertanteile für sich beanspruchen zu müssen.

Kaiser, Könige, Priester, ... oder wie sie immer heißen mögen, glauben etwas Besseres zu sein.

Die Bewertungen und Abwertungen sowie die Einengungen durch Ängste, die sie ihren Mitmenschen überstülpen, setzt diese herab.

Mit Werkzeugen offener oder verdeckter Gewalt (getarnt als ach so notwendiges Moral- sowie darauf aufbauendes Rechtssystem), hinterhältiger Manipulation, Propaganda und Psychotricks, setzen diese "Über"-Menschen ihre Mitmenschen ins Unrecht, um sie damit nach ihrem Gusto zu steuern, letztlich zu versklaven.

Erst die gleichberechtigte Anerkennung des gleichen Rechtes für alle Menschen, lässt jedermann vernünftige Freiheiten, ohne diese fremdbestimmten, staatlich oder religiös bedingten Engen und irrsinnigen Beschränkungen.

Die Devise muss daher immer wieder lauten:

Gleiches Recht für Alle!

Dies gilt für alle Menschen untereinander, für alle ihre konstruierten Systeme und natürlich sowie selbstverständlich auch für all die Menschen gegenüber den Systemen in denen sie leben.

06) Treue

Die Treue ist ursprünglich der zusammenfassende Begriff für Glaube, Vertrauen und Loyalität. Sie ist überaus wichtig, um sich sowohl das eigene als auch das gegenseitige Erleben und das Überleben zu gewährleisten.

Treuegesinnung erstreckt sich hinaus auf alle Beziehungen, ausgehend von der Treue zu sich selbst, also zum eigenen Körpersystem sowie zum dazugehörigen Verstand, verantwortlich für das Ego, bis zum Bewusstsein, mit den ihm eigenen Wert-Vorstellungen und Idealen.

Sie reicht weit hinaus zu anderen Menschen, zu den Tieren, zu den Pflanzen, zu der Umwelt, zu allen Zusammenhängen im Universum, hinauf zum gesamten geistigen Kosmos, bis hin zum Göttlichen TAO.

Treue beinhaltet dabei die Verantwortung für jegliche Art dieser Beziehungen.

Somit verpflichtet eine treuhänderische Verwaltungsgröße den Treuhänder zu entsprechender Verantwortung gegenüber Leib und Leben oder einem Gut.

Die unverändert feste Verbundenheit in Treue entwickelt sich zu einem Tun, wird zum Verhalten das eine karmische, somit beständige Anhänglichkeit schafft und moralisch gesehen zu unwandelbarer Zuneigung führt.

Von Kameradschaft über Freundschaft bis zu Liebe entstehen so feste Bündnisse der Treuherzigkeit. Unter- und zueinander verbinden intensive Versprechen und Gelöbnisse, sogar über mehrere Leben hinweg.

Wahrhaftigkeit und Ehrlichkeit wurden / werden über das Vermeiden von Lügen, Betrügereien, Eid- und Treuebruch erreicht.
In solch einem, auf dem redlichen Vertrauen gegründeten, intensiven Treuebund gelten zusätzlich hohe Tugenden als unverbrüchlich und verpflichtend, wie:

Gewissenhaftigkeit, Wahrhaftigkeit, Pflichtbewusstsein und Zuverlässigkeit.

Treulosigkeit galt zu jeder Zeit als ein schweres Verbrechen.

Außer man war von einem oder mehreren anderen absichtlich, für einen selbst unwissentlich, dazu verführt oder gar gezwungen worden!

Versprechen gegenüber Mitmenschen als auch gegenüber Göttern griffen schon immer tief in das soziale und in das psychische Leben ein.

Ganz wichtig ist, in einem ständig heil bleibenden Lebenszyklus, jedoch immer und immer wieder, sich selbst uneingeschränkt treu zu bleiben.
Jegliche Verletzung der Treue, besonders zu sich selbst, führt unweigerlich zu Krankheit, Siechtum und Tod.

Um diese Art der Treue wahrhaft einhalten zu können, muss man erst einmal herausfinden:

1) Wer man wirklich ist und
2) was man im Leben für eine sinnvolle Aufgabe hat.

Jedem von uns ist im Spiel des Lebens ein Lebenssinn zugemessen, mit dem wir schon vor langer Zeit übereingestimmt haben.

Als dem Geistigen TAO im Hier und Jetzt, dem „Ableger" des Göttlichen TAO, wurde uns zuerst einmal die Anweisung gegeben:

„Lebe Dein Leben!"

Dies erscheint doch ganz einfach. Aber warum sind dann so viele Menschen unzufrieden mit ihrem Leben?

Die Antwort ist: **Fremdsteuerung!**

Wir dürfen leider nicht mehr wirklich wir selbst sein, weil wir uns in ach so viele Notwendigkeiten und Verantwortlichkeiten eingebunden fühlen.

Wo aber bleibt nun, in diesem Dilemma, der ursprüngliche Treueschwur zu uns, zu unserer eigentlichen Bestimmung?

Auch hierauf gibt es glücklicherweise eine Antwort: **Selbstständigkeit!**

Deshalb streben die Menschen immer wieder nach „Selbstständigkeit" - nur um erneut feststellen zu müssen, wie eng die Maschen von Staat und Gesetz sowie die Abhängigkeiten von Schuld gewoben sind (dargestellt durch die Schulden bei Gläubigern wie den Banken, dem Fiskus und / oder privaten Geldgebern).

Wir müssen uns dennoch so weit und so oft wie nur irgend möglich, Stück für Stück, von den allzu engen, materiell geprägten Denkschemas befreien.
Erst durch die hochwertige Erkenntnis, im Eigentlichen ein Geistiges Wesen, TAO, zu Sein, erlangen wir die Befreiung, um uns selbst auch wieder treu sein zu können, es geradezu zu dürfen oder sogar zu müssen.
Wir müssen uns tatsächlich die Selbstbestimmung erst erlauben oder uns direkt dazu zwingen.

Wenn wir der Not im Lebensspiel unsere Wendigkeit (Not-Wendigkeit) entgegen setzen, überwinden wir die Fremdbestimmung, indem wir im Hier und Jetzt wieder einmal neu orientiert durchstarten.

07) Freundschaft

Bei der Neuorientierung, hin zur Selbstverwirklichung, der Verwirklichung des Selbst, ist nur wahre Freundschaft hilfreich.

Ein auf Zuneigung im Sinne von Kameradschaft, mit einem tiefen Vertrauen und gegenseitiger Treue, gegründetes Verhältnis, somit eine echte Freundschaft, wird oftmals (zu recht) sogar höher eingeschätzt als eine partnerschaftliche Liebesbeziehung.

Im friedlichen, guten Einvernehmen zu leben, erweitert die Beziehungen der Menschen über eine bloße Zweierbeziehung hinaus.

Es wird sogar, nicht ganz zu Unrecht, wie die Lebenserfahrungen gezeigt haben, angenommen, dass eine echte Freundschaft kaputt gehen kann, sobald Sex ins Spiel kommt.

Begriffe wie Sympathie (intensive Zuneigung und emotionale Übereinstimmung) und Affinität (Verwandtschaft, Verbindung, Annäherung) sind in einer solchen, guten Freundschaft wichtiger als die Idee zur Fortpflanzung.

Das freundschaftlich gepflegte Miteinander vergrößert somit die Gemeinschaft der Menschen über alle Grenzen, Rassen und Religionen hinweg.

Jeglicher Gedanke an Freundschaft löst die Feindschaft aus dem Denken der Menschen heraus.

Ein Beispiel dafür ist die **Gastfreundschaft**. Die Gastlichkeit war zu allen Zeiten keine besondere Eigenschaft, sondern eine Notwendigkeit.

Sie gehörte zum moralisch gepflegten Anstand und war ein fester Bestandteil der Ehre, auch und gerade gegenüber Fremden.

Nur über diese persönliche Loyalität (Anständigkeit, Redlichkeit, Ehrenhaftigkeit, Rechtschaffenheit) sowohl zu sich selbst als auch zu den vielen anderen, können Freunde gewonnen werden.

Die Loyalität gegenüber Freunden ist dabei vom selben hohen Wert, wie gegen Verwandte.

Die Loyalität gegenüber den vorherrschenden Herren sowie den übermächtigen Weibern ist oft sogar einfach eine Lebensnotwendigkeit. Sie hat mit der Art und Weise von Freundschaft kaum etwas gemeinsam.

08) Zähigkeit und Ausdauer

Das ureigene Wyrd (das eigene Los, die eigene Bestimmung oder das Schicksal sowie das Kismet) erst einmal zu erkennen, anzunehmen und zu ertragen und daraus dann den Lauf des Lebens zu gestalten und zu erschaffen, war bei den Vorfahren von hohem Wert.

Mit einem zähen Wesen, zielgerichtet und absichtsvoll, wird jegliches Erleben gemeistert. Diese zähe Beschaffenheit bezieht sich auf alle Bereiche des Lebens. Zäher Eifer gepaart mit anhaltendem Fleiß sind Grundvoraussetzungen für den dauerhaften Erfolg.

Dabei sind erst das Erkennen von Zielen und vom Zweck wichtig. Die daraufhin einsetzende Zielstrebigkeit, zusammen mit Geduld, Beharrungsvermögen und Standfestigkeit sowie Standhaftigkeit führen zu sinnvoll positiven Ergebnissen.

All dies mündet dann in der stabil wirkungsvollen Fähigkeit zur Vollendung von Aktionszyklen. Wer seine Zyklen nicht unmittelbar, zeitnah vollenden kann, wird immer mit dem lastenden „Müll" (hängen gebliebener Aufmerksamkeit) von unbewältigten Aktivitäten zu kämpfen haben, die aus der Vergangenheit in die Gegenwart herein wirksam sind.

So ist beispielsweise der Aktionszyklus des Frühstückens erst dann vollendet, wenn nach dem Essen das gebrauchte Geschirr auch wieder aufgewaschen und verräumt ist.

Eine Aktion wird immer A) gestartet dann B) vollzogen und C) wieder beendet. Erst, wenn A, B und C vollständig durchlaufen wurden, ist ein Werk vollbracht oder eine Aktion abgeschlossen.

Viele Menschen schleppen unbewältigte Aktionen bis ins hohe Alter hinein mit sich herum. Die Last des dauerhaft Unerledigten drückt dann schwer. Der vormals aufrechte Gang wird gebeugter. Mancherlei vorgeblich „altersbedingte" Krankheitserscheinungen deuten darauf hin.

Ein Sterbender wird sich erst frei fühlen, wenn er seine Belastungen entweder weitergeben, die Verantwortung abgeben, oder sich davon lossagen kann. Diese Lossagung ergibt sich im Gespräch, wie einer Beichte.

So funktioniert beispielsweise die Beichte: Kommunikativ werden einer Person die „üblen Taten", die sie weder ausgleichen noch bereinigen konnte, ehrlich angehört und dann sozusagen vergeben.

Dadurch kann die Person tatsächlich ihr über lange Zeit aufgestautes, schlechtes Gewissen entlasten. Sie kann dadurch aus eigenem Entschluss die unbewältigte Aktion loslassen.

Das gewissermaßen freigesprochene Menschwesen sollte allerdings etwas aus der Entlastung seines Gewissens gelernt haben, um einen verbesserten Neustart hinlegen zu können.

Übrigens gilt der Ablauf von A, B und C auch für jede Art von Kommunikation.

Ein nicht ganz abgeschlossenes Gespräch hängt oftmals noch tagelang in der Aufmerksamkeit.

Je nach der persönlichen Gewichtigkeit einer Unterhaltung sowie der Partner im Gespräch, wirkt sie unter Umständen sogar Jahre oder Jahrzehnte lang nach.

Daher gilt auch für die Kommunikation: Zähigkeit und Ausdauer. Hier zeichnet die absichtsvolle Beharrlichkeit den Erfolg eines Gespräches oder eines Dialoges. Bei der Durchführung von Zyklen, während einer Kommunikation, sollte das Ziel immer das gegenseitige Verstehen sein.

Solche als irgendwie wichtig angesehene Aussprachen führen dann entweder zu brauchbaren Ergebnissen oder immerhin zu mehr oder minder hoher Affinität, einer freundschaftlichen Übereinstimmung im Verständnis füreinander.

09) Arbeitsamkeit

Hart arbeiten zu können und fleißig sein, ging schon früher mit Zähigkeit und Ausdauer Hand in Hand und war für das Überleben ausschlaggebend notwendig.

Der Fleiß ist also mehr als nur arbeitswillig zu sein. Fleißige Menschen arbeiten im Bewusstsein des Zieles und nicht nur aus der Notwendigkeit heraus.

Sind die Aufgaben, die einzunehmenden Posten und ihre hochgradig wichtigen Zielvorstellungen nämlich bekannt, arbeiten Menschen gerne und mit Freuden.

Jegliches geschäftige und geschäftliche Treiben ist, um erfolgreich zu sein, mit Arbeitsamkeit verbunden und erfordert hohe Disziplin.

Die wirkungsvoll arbeitenden Menschen müssen dazu bereit sein, sinngerichtete Posten zu finden und diese dann einzunehmen.

Der arbeitende Mensch muss sich, für die Erfüllung seiner, als wichtig erkannten Aufgaben, eindeutigen sowie vernünftigen Richtlinien und einem zielorientierten Ordnungssystem zuordnen dürfen. Das allen bekannt gemachte, hohe Ziel, kann nur zusammen mit Mitmenschen, anderen Mitarbeitern, verfolgt werden.

Die Bereitschaft so zu arbeiten, ist allerdings zugleich Arbeit an sich selbst. Wer daher an sich selber arbeiten will, indem er diese Tugend oder eine der anderen Tugenden bei sich aktivieren oder wachsen lassen möchte, der sollte wiederum zäh und ausdauernd sein.

Nur die Konsequenz gegen sich selbst, führt zum gewünschten Erfolg.

10) Vergeltung, Ausgleich

Vergeltung ist nicht etwa alleine die negative Denkweise in Hinsicht auf Rache, Strafe oder Heimzahlung. Ebenso gibt es eine positive Betrachtungsweise, die eher den Ausgleichsgedanken verwirklicht.

Vergeltung für einen Mord oder für zugefügten Schaden an jemandem, speziell an einem Familienmitglied zu nehmen, war zu früheren Zeiten sowohl eine Stärke, als auch eine Verpflichtung.
Blutrache gab es weltweit. Besonders im Zusammenhang mit mafiosen Strukturen, ist sie auch in Europa bekannt.

Bei den heißblütigen Völkern des nahen Ostens, speziell in den Machtbereichen der extremistischen Anhängern des Koran, gelten derartige Denkschemas noch immer.

Als eine legalisierte Form jenes Rachegedankens kann noch immer der Weg über eine übliche Anzeige und die Verurteilung durch die Gerichte des römisch geprägten Rechtssystems angesehen werden. Auch hier im Sinne der einseitig negativ verstandenen Vergeltung.

In Ermangelung der Anerkennung jener verhältnismäßig neuen, der christlichen Alternative: „Halte nach einem Schlag auf Deine rechte Wange auch noch die linke hin.", wird bis zum heutigen Tag mehr oder vielleicht etwas weniger das alttestamentarische Prinzip betrieben: „Auge um Auge, Zahn um Zahn!"

Dabei macht es letztlich eher Sinn einen Menschen, der einem anderen etwas angetan hat, davon zu überzeugen, dass er dafür Verantwortung übernimmt.

Denn Vergeltung heißt per Definition auch:
Etwas wieder gut machen.

Bei Naturvölkern in Afrika hatte beispielsweise ein Mörder oder ein Totschläger seine Tat dadurch wieder gut zu machen, indem er der geschädigten Familie ein Leben lang diente.

Der Tugend „Vergeltung" liegt ursprünglich das kosmische Prinzip des Ausgleichs zugrunde.

Auch für den Ausgleich gilt, wie für ein vernünftiges Rechtssystem und für die Unabhängigkeit der Gerichte, die Balkenwaage als Symbol.

Ausgeglichenheit bei Soll und Haben sorgt für harmonische Vermittlung und für Versöhnung.

Eine gerechte Gegenleistung, mit dem beide oder mehrere Seiten voll und ganz übereinstimmen können, soll für etwas Geleistetes oder Gegebenes erwiesen werden. Auch das Tauschmittel Geld kann in diesem Sinne dafür hergenommen werden.

Die Vergeltung in diesem positiven Sinne entspricht somit eher dem Entgelten, Vergüten oder Belohnen.

Um wahrhaft Positives in unser aller Welt zu erzielen, sollten wir im Thema der Vergeltung also eher diesen Grundsatz beachten:

Rache zieht immer nur Rache nach sich! Die Belohnung von positivem Verhalten zieht automatisch positives Verhalten nach sich!

11) Glauben, Wissen und Weisheit

Der Begriff „Wissen" stammt vom althochdeutschen „wizzan" beziehungsweise der indogermanischen Form „woida", was bedeutet: „Ich habe gesehen", oder eben auch „ich weiß".

Von der indogermanischen Wurzel „weid" leiten sich auch ab, das lateinische „videre": „sehen" und im Sanskrit „veda" für „Wissen".

Die Zusammenfassung uralten Wissens heißt bei den Druiden der Neuzeit, den Weisen in Eurasien (Europa + Vorder-Asien), "Wyda" – dieser Begriff klingt dem Wort „Wede" sehr ähnlich.

Wissen jeder Art galt zu Zeiten der kelto-germanischen Großkultur als: Trinken vom Met Wotans, des Gottes der Weisheit.

Im Gotischen war das Wort für Wissen sogar „witan", das wiederum mit Wotan ähnlich ist.

Das Wissen wird traditionell als wahre, gerechtfertigte Meinung bestimmt. Diese Definition ermöglicht die eindeutige Unterscheidung zwischen diesem Begriff Wissen und verwandten Begriffen wie Überzeugung, Glauben und allgemeiner Meinung.

Sie entspricht zudem weitgehend dem alltäglichen Verständnis von Wissen als „Kenntnis von etwas haben".

Aus meiner Erfahrung heraus gilt zwar in der Bevölkerung oftmals das Wort: „Glauben heißt nichts wissen!" Meiner Überzeugung nach sollte jedoch nicht so krass geurteilt werden.

Der Glaube ist sogar ein entscheidender Schritt: Heraus aus dem ignoranten „Nichtwissen", einem verdrängten Wissen, hinführend zum weitgehenden oder relativ „vollständigen Wissen".

Dazwischen befindet sich der Glaube. Er akzeptiert zum Glück bereits, dass es mehr gibt, als Menschen auch ohne handfesten Beweis hinnehmen können. So öffnet er uns den Weg zum höheren Selbst in all seiner Weisheit.

12) Pflicht zum Widerstand

Wenn Unrecht zu Recht wird, wird Widerstand zur Pflicht.

Oft wurden und werden die Tugenden von den Herrschenden, weltlicher ebenso wie religiöser Machtstrukturen, missbraucht.

Die den übergeordneten Hierarchien „untergeordneten" Menschen werden dazu in ihren Wertvorstellungen eingeengt.

Einzelne Tugenden werden herausgegriffen und so angepasst und definiert, dass das übrig gebliebene Relikt (Überbleibsel, Rest) den Mächtigen nutzt.

Das freie Denken wird eingesperrt in Schuld und Schulden, einer vom Gewissen geplagten Verpflichtung zur Abtragung von Sünden.

Bei Verfehlungen gegen Richtlinien, aufgemotzt, überhöht und irdisch geprägten "Gottheiten" gegeben, werden Menschen erst vorsätzlich kriminalisiert, um sie dann dem Schämen und der Schande preis zu gegeben.

Buße wird sogar noch von denjenigen eingefordert, die eigentlich verantwortlich wären für die hervorgerufene Kriminalität.

Um die so dargestellten, vorgeblichen Verstöße zu sühnen, wird im Namen eines fiktiven (unreal, angenommen) Volkes, von (un-)abhängigen Gerichten "Recht" gesprochen, das dem System der herrschenden Matrix uneingeschränkt dient.

Solche irrsinnige Pflichtdarstellungen führen absichtlich zu verfehlter Schuld und menschenunwürdiger Sühne.

In einem solchen Staatssystem (Glücklicherweise nicht dem unseren!) werden alle Tugenden pervertiert.

Ganze Gesellschaften werden aktiv und nachhaltig verführt, zu diktatorischem, keinen Widerspruch duldendem Glauben, an die vorgeblich, von hoher Warte aus als notwendig erachtete und propandistisch dargestellte Fremdsteuerung und von schicksalsgegebener Verantwortungslosigkeit.

Genau daraus ziehen gewisse Konstrukte eines Staates sowie von kirchlichen Organisationen (gedanklich konstruierte Gebilde) mit Behörden und Ämtern ihre Daseinsberechtigung.

Leider wird dort sogar begangenes Unrecht, die entsprechenden Handlungen und deren Auswirkungen, dann mit den Worten gerechtfertigt:

„Ich habe doch nur
auf Befehl gehandelt!"

Der Volksheld und späterer Diktator Mao Tsetung drückte seine Ansicht zur Ausübung von Macht noch drastischer aus:

"Das Gewehr gebiert die Macht.
Man kann die Welt nur mit Hilfe des
Gewehres umgestalten."

Der aktive und damit gewalttätige Widerstand gegen solche von Verrücktheiten überzeugten Regierungen führt jedoch für gewöhnlich eher zu weitergehenden Gewalttaten.

Ihr, die Menschen guten Willens, könnt allerdings Eure Stimmen immer wieder warnend erheben, wenn Ihr Missbräuche seht.

Man muss eine solche Regierung dann nicht auch noch aktiv unterstützen.

Ohne etwas kriminell Unerlaubtes zu tun, ist es dadurch dennoch jedermann möglich schließlich eine Reform herbeizuführen, also einfach durch den Entzug seiner Mitarbeit (besser Mittäterschaft).

Gerade heute gibt es mehrere Regierungen in der Welt, die genau deswegen scheitern, weil die Leute ihre stillschweigende Ablehnung dadurch zum Ausdruck bringen, dass sie einfach nicht mittun.

Diese Regierungen sind natürlich selbst in großer Gefahr: Das erste Auftauchen ungünstiger Umstände könnte ihr Ende bedeuten.

Deshalb ergänze ich das Gelöbnis der Druiden des TAO hier nochmals um das:

Freiheitsgelöbnis

„Ich achte respektvoll die Unantastbarkeit und die Würde jedes einzelnen Menschen. Ich bin überzeugt, dass allen menschlichen Wesen vom Göttlichen das gleiche Recht auf Freiheit gegeben wurde. Ich verspreche, jedem Angriff auf die Freiheit und der diktatorischen Tyrannei Widerstand zu leisten, wo und auf welche Art und Weise auch immer sie auftreten mögen."

Hier enden zwölf der mir wichtigen Tugenden. Solltet Ihr, meine lieben Freunde, diese zwölf noch durch weitere tugendhafte Verhaltensweisen ausschmücken wollen, so tut dies ohne Scheu.

Bedenkt jedoch immer: Je komplizierter ein System gemacht wird (wie das von Moral und Recht), desto mehr Lügen beinhaltet es.

All die viel zu vielen Vorschriften, Gesetze und Rechtsverordnungen, die aus den mosaischen Zehn Geboten erwachsen sind, trugen einst und tragen noch immer zu fortschreitender Verwirrung im Verständnis für Recht und Gerechtigkeit bei.

Die geistige Größe von uns Menschen beruht auf diesen drei großen V V V: Verständnis, Verstehen und Vertrauen.
Anderes macht uns nur kleiner. Es macht uns zu so genannten kleinen Leuten!

Deshalb ist mir die nun folgende 13te Tugend sehr, sehr wichtig.
Sie soll der Maßstab sein, mit dem allen anderen Tugenden deren Bestand gesichert wird.
Vor allem diese 13te Tugend gewährleistet die erstrebenswerte, mit mehr und mehr Freude gelebte Leichtigkeit des Seins.

Also zum Abschluss der dargestellten Aufzählungen diese überaus besondere, hauptsächlich den menschlichen Wesen zugerechnete Eigenart.

Wobei keineswegs sicher ist, warum nicht auch Tiere mit Humor gesegnet sein sollten!?

In jedem Falle ist Humor eine Tugend, die all den anderen garantiert die Schärfe von übertriebener Ernsthaftigkeit nimmt und das Leben insgesamt erträglicher macht:

+1) Humor

Hierzu zitiere ich nun erst einmal ein paar kluge Köpfe:

„Humor ist nicht erlernbar.
Neben Geist und Witz setzt er vor allem
ein großes Maß an Herzensgüte voraus, an
Geduld, Nachsicht und Menschenliebe.“

Curt Goetz

„Wesentliche Dinge im Leben sind nicht
zuletzt der Humor und die Fähigkeit, über sich
selbst zu lachen.“

Yehudi Menuhin

„Gibt es schließlich eine bessere Form mit
dem Leben fertig zu werden, als mit Liebe und
Humor?“

Charles Dickens

Die folgende, gängige Formulierung, geradezu wie eine Definition wirkend, wird dem deutschen Schriftsteller Otto Julius Bierbaum zugeschrieben, ein Journalist, Redakteur und Librettist (er ist auch unter den Pseudonymen Martin Möbius und Simplicissimus bekannt):

„Humor ist, wenn man trotzdem lacht.“

Diese Worte besagen schlicht: Lacht einfach über Etwas oder über Jemanden obwohl es eigentlich gar nichts Humorvolles daran gibt.

Und nun noch dieses geradezu weise Wort:

„Wer zuletzt lacht, lacht am besten!“

Hierbei scheint die Tugend Humor mit dem Attribut Geduld verknüpft zu werden.

Der Humor bezeichnet anscheinend die wunderbare Begabung, bei anderen ein frohes Lachen hervorrufen zu können oder selbst über etwas lachen zu können.

Was aber hat Humor eigentlich mit dem Lachen gemeinsam? Genügt nicht auch ein Lächeln oder ein Grinsen oder so? Vielleicht reicht es sogar aus, wenn man in sich hinein schmunzelt? Vielleicht genügt es!? Jedoch ein schallendes Lachen befreit den Körper und das Denken von allerlei Verspannungen.

Ein offen gezeigtes, freimütiges Lachen offenbart mehr von einem Menschen als so manches Wort.

Auch werden mit dem Lachen Emotionen freigesetzt. Ähnlich wie beim Weinen (auch beim Lachen können sich Tränen lösen), beim Niesen oder beim Gähnen lösen sich emotionale Barrieren.

So gelingt es tatsächlich eine Person wieder ins HIER und JETZT zu bringen. Selbst ein dümmliches oder unpassend wirkendes Lachen ist besser als gar kein Lachen.

Sogar mit Lach-Yoga, einer besonderen Art und Weise fast schon unter „Zwang" zu lachen werden Effekte erzielt, die den beteiligten Menschen gut tun.

Ist es ein Zeichen von Humor, wenn jemand gut Witze erzählen kann? Eventuell gehört ebenso die Fähigkeit dazu, mit Zynismus und Sarkasmus Leute aus der Reserve zu locken, ihnen ein Lachen abzuringen!?

Ironie, Spott und Zynismus sind jedoch Denkweisen zur Destruktion. Sie können zur Eskalation von verbaler Gewalt führen.

Marcus Fabius Quintilianus, ein römischer Lehrer der Rhetorik, bringt so eine Denkweise auf den Punkt, indem er frotzelnd, herausfordernd meint:

„Lieber einen Freund verlieren als einen Witz!"

Dieses schräge Motto mag so manches gezwungene Lachen meinen. Daraus lässt sich aber eben kein Humor ableiten. Hier wird offenbar etwas verwechselt! In der Akzeptanz makaber anmutender Situationen, lässt sich wohl kaum Humor darstellen.

Im besten Falle sprechen wir dann gerade noch vom so genannten „Schwarzen Humor".

Hinterhältige Witze auf Kosten anderer, vor allem auf Kosten von Minderheiten oder bestimmten Personengruppen, wie Blondinen oder Ostfriesen, sollten wir auch aus unserem gesunden Verständnis für Humor ausklammern.

Als besonders humorvoll werden allerdings gemeinhin jene begabten Personen bezeichnet, die andere Menschen zum Lachen bringen können, indem sie häufig lustige Aspekte von Situationen zum Ausdruck bringen.

Ein ziemlich krasses Beispiel finden wir in der Überlieferung:

Der persische Eroberer Xerxes I. droht 480 vor Christus, bei der Schlacht um die Thermopylen: „Ich habe so viele Bogenschützen, dass ihre Pfeile die Sonne verdunkeln werden!"

König Leonidas von Sparta lässt darauf, im Angesicht der drohenden Niederlage, antworten: „Umso besser – dann kämpfen wir im Schatten!"

Komödie, Comedy, Slapstick, allerlei Spaß und dergleichen, all dies läuft unter dem Vorzeichen des Humors.

Humor ist zudem der einträgliche Geschäftszweig von Humoristen, Komikern, Comedian und Kabarettisten. Sie versuchen uns gewerblich oder freiberuflich damit zu erheitern.

Humor hat offenbar sehr viele Facetten. Die große Vielfalt der Anlässe und Zielrichtungen des Lachens, spielen dabei eine Rolle.

Es ist jedenfalls noch keine umfassende Theorie zum Thema Humor entwickelt worden. Vielleicht ist das Wissensgebiet nicht ernsthaft genug.

Der Psychiater Sigmund Freud meint zu humoristischer Einstellung, sich selbst oder anderen gegenüber:

„Sie beruht darauf, dass die Person des Humoristen den psychischen Akzent von ihrem Ich abgezogen und auf ihr Über-Ich verlegt hat.

Diesem so geschwellten Über-Ich kann nun das Ich winzig klein erscheinen, seine Interessen geringfügig.

Der Humor ist demnach der Beitrag zur Komik durch Vermittlung des Über-Ichs."

Der Humor wird von ihm erkannt, an der Konstruktion eines anscheinend oder offenbar unangemessenen, nebensächlichen Standpunkts beim Ich oder einer unzulänglichen Verhaltensweise in der Situation einer Gefahr, des Scheiterns oder der Niederlage.

Die Unangemessenheit wird sprachlich oder im Verhalten gewollt inszeniert und die Gefahr auf eine fadenscheinige Weise umspielt.

Wenn man näher hinsieht, dann verbindet Humor Schwäche und Stärke auf eine eigentümliche Art und Weise. Somit empfinde ich das Folgende als besonders wichtig:

Ein Lachen ist nur dann Humor, wenn es in einer Situation der Gefahr oder des Scheiterns auftritt, sich nicht gegen Dritte richtet und zumindest eine kleine Hoffnung auf die Überwindung der Krise vermittelt.

Auch schneller, kurzzeitiger Spaß wird in unserer ach so tollen Spaßgesellschaft immer wieder angestrebt. Doch was bringt es den „spaßigen" Typen letztendlich anderes, als einen schweren Kopf nach einer durchzechten Nacht.

Es handelt sich wohl eher um den Tanz auf dem Vulkan, mit der kitzlig reizvollen Aussicht auf einen baldigen Ausbruch, der dann dem ganzen Spuk ein grausiges Ende setzt.

Der Adrenalin-Kick, der hier angestrebt wird, hat mit wahrem Humor reichlich wenig gemeinsam.

Die Heiterkeit eines schönen Morgens bringt Menschen viel eher in eine heitere Stimmung. Auch beschwingte Musik und Tanz, ein schmackhaftes Essen oder Sex mit einem geliebten Wesen, können angenehme, gute Erlebnisse sein und wohlig heitere Gefühle vermitteln.

Ist diese Art von Heiterkeit die Triebfeder für einen Humor, mit dem wir dann übereinstimmen können oder sollten?

Mir gefällt die folgende Definition besonders gut, sie passt geradezu perfekt zur atalantischen Vorstellung vom „Großen Spiel":

Humor ist die Begabung eines Menschen, der Unzulänglichkeit der Welt und der Menschen sowie den alltäglichen Schwierigkeiten und Missgeschicken mit heiterer Gelassenheit zu begegnen.

Heutzutage sollte vor allem von führenden Persönlichkeiten erwartet werden, dass sie Unzulänglichkeiten dieser Welt auch heiter betrachten können. Deren Vorbildfunktion würde nämlich auch die Wesen ihrer Umgebung beflügeln.

Erst die bewusste, absichtsvolle Übernahme persönlicher Verantwortung in der gelebten Leichtigkeit sowie die per Vernunft begabte Orientierung an den 12+1 Tugenden, gibt TAO, uns als Menschwesen, die Eigenständigkeit und damit die Freiheit zurück.

Für vernünftige Menschen, reihen sich die 12+1 Tugenden zu einer klaren und eindeutigen Richtschnur, durch ein sinnerfülltes Spiel, des Lebens und darüber hinaus.

Noch ein paar Worte zum „Großen Spiel" des Kosmos, des Universum sowie des Lebens:

Vergiss bitte niemals: Wir befinden uns in einer geistig kosmischen sowie einer physisch universalen Spielsituation.

Daher deutlich die Aufforderung: Spiele dieses „Große Spiel" tatsächlich immer als großes Wesen, im BewusstSein desselben.

Nimm niemals zu ernst was in Wahrheit nur ein Spiel zu sein hat, denn:

Übertriebene Ernsthaftigkeit ist tödlich!

Achte bitte genau auf die Spielregeln, mit denen Du gerade umgehst oder in die Du soeben eingebunden bist oder zu sein scheinst. Bedenke hier bitte, verrückte Spielregeln machen auch die besten Spieler verrückt!

Jedes Spiel hat seine Grenzen. Versuche diese Grenzen vernünftig einzuhalten damit das Spiel nicht zu sehr ausufert!

Und: Deine Gegenspieler sind nicht wirklich Deine Feinde. Nicht wirklich! Es sind einfach nur mitmenschliche Wesen, die das Spiel ebenfalls spielen und dabei gegebenenfalls sogar gewinnen wollen.

Manche von ihnen beachten die Regeln leider nicht und andere überschreiten die Grenzen.

Dennoch solltest Du, der Du weißt was richtig ist, Dich nicht von derartigen Gegenspielern zu unüberlegten Taten verleiten lassen.

Diese Deine Mitmenschen bedürfen lediglich besserer, vielleicht angemessenere Bedingungen. Damit wird dann deren Wille gestärkt, um auch wieder korrekt mitzuspielen.

Mit Bildung und Ausbildung, der Aufklärung über die vernünftigen Bedingungen im Spiel, lassen sich auch kriminelle, entgleiste Menschen meistens zurück auf den rechten Weg führen.

Über das, über die bloße Toleranz hinausgehend, Verständnis erschafft man Mitmenschlichkeit mit Verstehen, Einsicht und Respekt für bessere Spielvoraussetzungen.

Außerdem ist eine effektive, dem guten Verständnis und dem Verstehen dienende, mentale Kommunikation, das beste Lösungsmittel für alle von Menschen geschaffenen Probleme und Herausforderungen dieser Welt.

Ethische Grundlagen

für spirituelle Maßnahmen

Die Ebenen der Geister

Die Geistigen Wesen, die wir über unser bloßes Menschsein hinaus sein können, beziehungsweise sind, definieren sich über acht Ebenen hinweg.

Die Ebenen der Geister erstrecken sich, von jeder Wesenheit selbst aus, sowohl als menschliches als auch als nichtmenschliches Ego, sowie über allerlei seiner Verbindungen, bis hin zum Göttlichen TAO.

Das „Große Spiel" des Kosmos, des Universum sowie des Lebens stützt sich seit Anbeginn auf TAO-Wesenheiten, die bereit und in der Lage sind, über alle acht Spielebenen hinweg, Bewusstsein für ihre Verantwortung zu entwickeln.

Die wahre Größe von Geistigen Wesen beweist sich im ethischen Spielverhalten und an der Spielfreude auf möglichst allen acht Ebenen.

Die folgende Kurzform der Spiel-Ebenen bringt uns den Vorstellungen vom „Großen Spiel" näher:

Das Ego

Als menschliches Wesen sind wir sehr stark von unserem Ego bestimmt. Unser angebliches und daher nur so genanntes „bewusstes Sein" hängt intensiv vom jeweiligen Ich-Bewusstsein ab.

Als das, in diesem niederen Zustand nur dargestellte, nicht wirklich präsente „Ich bin" glauben viele tatsächlich, ausschließlich ein Mensch zu sein.

Ein wahrhaft starkes Ego vermag zum Glück jederzeit auch Präsenz auf anderen Ebenen einzunehmen.

Dadurch gelingt manchmal tatsächlich stabil der Aufstieg, hin zu den höheren Ebenen und Verantwortungsleveln.

Lediglich Wesenheiten, die besonders oft zu Egoismus neigen oder gar in noch tiefere Egozentrik versinken, bleiben auf dieser Ebene stecken.

Ihr Verhältnis zu weiteren Ebenen ist manchmal mehr oder auch etwas weniger gestört. Eine krankhafte Ich-Sucht wird als Egomanie bezeichnet.

Spiel-Ebene 2:

Die Familien

Die kleinsten Einheiten im Thema der Familien sind Paargemeinschaften, Ehen und dergleichen, die auf Zuwachs (Kinder) angelegt sind.

Als größere Familieneinheiten gelten darüber hinaus Clans, Sippen und ähnliche, kulturell unterschiedlich benannte Lebensgemeinschaften.

Deren verwandtschaftliche Beziehungen sind durch Generationen-Stammbäume dokumentierbar.

Familienstrukturen dienen dem Schutz und der Unterstützung vor allem ihrer Mitglieder.

Im Schutze ihrer Familien entwickelten sich die Menschen, zumindest in früherer Zeit, von der Geburt bis zum Tod.

Seitdem etliche Staats(un-)wesen vorgeben, sich intensiv um ihre Bürger zu kümmern, verkommt die familiären Strukturen immer mehr.

Menschen werden zu Singles degradiert, somit auf ihr Ego-Sein reduziert.

Dennoch ist ein Mensch mit einem starken, gesunden Ego immer noch in der Lage, sowohl mit der Familie, aus der er herausstammt, vernünftig umzugehen, als auch selbst eine eigene Familie zu gründen.

Leute die von sich selbst behaupten „Familienmenschen" zu sein, sich selbst auf die Erlebniswelt im Bereich dieser Ebene besonders intensiv konzentrieren, haben vermutlich speziell in ihrem familiär karmischen Netzwerk einiges wieder gutzumachen.

Spiel-Ebene 3:

Die Gruppen

Gruppenbildungen, über die Familienstrukturen hinaus, erstrecken sich bis weit in das soziale Gefüge von Menschen hinein.

Die Gruppenbildung begünstigt das Konkurrenzdenken.

Gruppen haben häufig die Tendenz auch in Konkurrenz zu Familienverbänden zu treten, wie wir bei den genannten Staatswesen feststellen können.

Egos werden von Gruppierungen regelrecht aufgefressen. Ihre Energieanteile, in der Art und Weise von Aufmerksamkeit, wird von den Gruppen vereinnahmt.

Die bipolaren Begriffe von Gut und/oder Böse werden speziell aus den Gruppen heraus getragen.

Aus dieser Betrachtungsweise entsteht eine mehr oder weniger schwerwiegende Gegnerschaft, beispielsweise bei Vereinen, bei Firmen, bis hin zu Staaten und Staatengemeinschaften.

Als „Gut" wird dann zumeist die eigene Gruppierung wahrgenommen, während die anderen Gruppen dann zwangsläufig „Böse" oder zumindest weniger „Gut" sein müssen.

Die Größenordnungen von Gruppen erstrecken sich von kleineren Verbindungen, wie Unternehmen oder Vereinen, über größere Zusammenschlüsse, wie Firmen- oder Wirtschaftsverbände sowie Religionsgemeinschaften, bis hin zu Staaten und Vereinigungen von Staaten.

Spiel-Ebene 4:
Die Menschheit

Die Menschen vom Planeten Erde sind hier Bestandteile der vorherrschenden Spezies, der menschlichen Rasse, Menschheit genannt.

Wie ich über Spirituelle Rückführungen erkennen durfte, gibt es allerdings auch außerhalb dieses Planeten Menschwesen.

Die Menschheit der Erde ist im Grunde darauf bedacht, ihre Rasse zu erhalten.

So wird festgestellt, dass sich sogar nach besonders heftigen Kriegsereignissen die Bevölkerung der beteiligten Länder bald wieder regeneriert.

Manchmal erhebt sich sogar eine verbesserte Zivilisation, als jemals zuvor aus den Trümmern, wie der Vogel Phoenix aus der Asche.

Der Begriff „Menschlichkeit" kann sowohl als „humanitär" betrachtet werden, als auch „idiotisch" bedeuten, in der Art von verrückt machend.

Denn kein anderes Lebewesen auf Erden erzeugt so viele Probleme, Schuld und Leid wie die Menschheit. Ohne den Menschen gäbe es hier keine einzige der unnatürlichen Problemstellungen.

Spiel-Ebene 5:

Die Lebewesen

Die Erschaffung von Leben „verdanken" (!?) wir dem 13ten Konstrukteur.

Diese Bindung an Leben hat nämlich die Geistigen Wesen leider letztlich abstürzen lassen. Heftige Schmerzen und schmerzhafte Verluste sind für die Geistwesen erst ab dieser Ebene erfahrbar.

Intensive Emotionen verführten Geistige Wesen dazu, sich immer stärker mit dem Leben, den Lebewesen zu verbinden.

Was erst als Spaß begann, wurde schließlich zu bitterem Ernst. Ab der Ebene der Lebewesen bekommt das „Überleben" Vorrang.

Leben über Leben befasst sich mit der Nahrungskette, die bedeutet: Fressen und/oder gefressen werden!?! Vielerlei hierarchische Strukturen bildeten sich bereits mit der Erschaffung von Leben heraus.

Spiel-Ebene 6:

Das physikalische Universum

Dies ist das vielfältige Spielfeld mit: Materie, Energie, Raum und Zeitablauf. Die ursprüngliche Energetik ist noch rein geistig, enthalten in den Denkstrukturen von Geistigen Wesen. Daraus gestalten die Geistigen TAO-Wesen physikalische Energie sowie die Materie, als Potenzial für weitere Arten von Energie. Zeit ist keine eigene Dimension, sondern nichts anderes als:

Die Bewegung von Materie oder Energie im Raum. Nur der Raum ist in Dimensionen darstellbar, speziell in drei Dimensionen: Linear, flächig und räumlich.

Unser Universum ist allerdings weder das einzige in den Weiten des All, noch ist es in der heutigen Gestalt das erste seiner Art.

Spiel-Ebene 7:
Die Geistigen Wesenheiten

TAO das Geistige ist im „Auftrag" von TAO dem Göttlichen, ursprünglich, ganz am undefinierbaren Anfang, angetreten, um das „Große Spiel", das universale, zu starten. Geistige Wesen, die 13 (12 + 1) Konstrukteure, erdachten sich zuerst einfach mal völlig verschiedene Spielmöglichkeiten.

Ab der Erschaffung von Raum entwickelten sie die so genannten Realitäten. Die Gedankenkonstrukte wurden nach und nach zum Physikalischen gefügt.

Über Versuch und Irrtum, einem Aufbau und seiner Zerstörung sodann erneuter Aufbau, entstanden verschiedene Prototypen von Universen.

Die ursprünglichen Geistigen TAO-Wesenheiten sind auch noch immer aktiv. Als übergeordnete Spielgeister sorgen sie für den geistig-kosmischen, konstanten Erhalt des „Großen Spielverlaufs".

Auch wir sind TAO, das Geistige TAO, sowohl als einzelne Wesen, als auch im Miteinander, der Göttliche Funke im Menschsein. Wir sind die Seelen!

Spiel-Ebene 8:
Das Göttliche TAO

Bei TAO dem Göttlichen versagen sämtliche Begriffe.

Alle Worte, so wie wir sie verwenden, haben dort oder hier oder überhaupt keinen Wert. TAO das Göttliche ist kein Bestandteil des von uns geschaffenen Spielfeldes, des physikalischen Universum.

Unser aller Ursprung ist beim Göttlichen TAO. In Liebe und Licht durchdringt das Göttliche alle nur möglichen Universen im „All" (das über all die Universen hinausreicht). Die Durchdringung überträgt sich auch auf jegliche Geistigkeit.

Deshalb können selbst wir, tief im Ego verhafteten Wesen, von uns behaupten mit dem Göttlichen TAO verbunden zu sein.

_____ ***** _____

Um die Abgrenzung der unterschiedlichen Ebenen noch besser zu verdeutlichen, lege ich nun kurz dar, wieso ich es wichtig finde, die Begriffe Moral und Recht von hochwertiger Ethik zu trennen.

Die Verwirrung im Umgang mit Moral, Recht und Ethik versuche ich etwas zu entzerren. In das nun Folgende füge ich die verschiedenen Definitionen und die Betrachtungen dazu:

Moral

Französisch „morale" = "Sitte, Brauch, gute und schlechte Denkart, Charakter, Wille, Sittlichkeit".

Sie ist die wertvolle Fähigkeit rechtes und unrechtes Verhalten voneinander zu unterscheiden, auf der Grundlage dieses Verstehens zu entscheiden und zu handeln.

Moralisch ist eine gefestigte innere Haltung, die als Kodex für gutes Verhalten von Individuen und Gruppen aus der Erfahrung der Rasse und der jeweiligen Kultur entstanden ist und aufgestellt wurde, um als möglichst einheitlicher Maßstab zu dienen.

All die Moralregeln sind im Grunde Gesetze.

Die Moral kann jedoch auch ein die Menschheit einengendes System sein, das hauptsächlich über Religionen verbreitet wurde und noch immer wird. Dieses System setzt ebenso auf die Fähigkeit von Menschen zwischen "Gut" und "Böse" wählen zu können.
Deren künstliche Basis ist aber nur ein fiktives Gewissen (ein angenommenes, nicht wirklich vorhandenes), das sich einschalten soll, wenn es gilt Recht von Unrecht zu unterscheiden.

Das Prinzip des so genannten „freien Willens" lässt uns Menschen immer wieder im Regen stehen. Denn es gibt ein großes Manko (Mangel, Fehler) dabei: Dieses willkürlich erstellte System der Moral gibt uns keinen wirklich brauchbaren Maßstab an die Hand, für die Unterscheidung zwischen dem was nun wirklich "Gut" oder "Böse" ist.

"Gut" kann hierbei "Böse" und "Böse" kann "Gut" sein, je nach kultureller oder systembedingter Anschauung, der Zugehörigkeit zu einer Gruppierung oder der vom Zeitgeist abhängigen Situation.
Der willkürlichen Manipulation durch politisch oder religiös abhängig machende Mächte ist somit Tür und Tor geöffnet.
Die Moral ist lediglich die Grundlage für unterschiedliche Arten von Recht und Ordnung. Das Rechtsempfinden ist immer der Abklatsch von moralischen oder aber moralisierenden Betrachtungsweisen in einer Kultur.
Die Moral, in der Art und Weise von verankertem Recht und erzeugter Ordnung, wird von den Mächtigen oftmals missbraucht. Sie wird von den Herrschenden im kulturellen Umfeld genutzt oder benutzt, um ihre Macht zu festigen.

Selbstverständlich färbt dieses Vorgehen auch auf das Verhalten der Menschen untereinander ab. Das „Recht haben" wollen oder müssen wird mittlerweile als völlig normal angesehen (besonders in deutschen Landen).

Dazu gehören leider auch ständige, ungerechtfertigte Schuldzuweisungen und eine drastisch eingeforderte Gerechtigkeit.

Die breite Bevölkerung gebärdet sich nicht selten als vorverurteilende „Richter und Henker" (wobei speziell die Deutschen eigentlich, aus der Vergangenheit heraus, „Dichter und Denker" sein sollten).

Als Basis der Moral werden in mehreren Religionen die von Moses empfangenen 10 Gebote aus der Bibel hergenommen.

Zu früheren Zeiten hielt man sich noch strikt an das von Rache geprägte Alte Testament, mit dem strafenden Gott und dem Gebot: „Auge um Auge, Zahn um Zahn". Erst nach dem neutestamentarischen Verständnis, und dann besonders entsprechend der christlichen Denkweise sollte nun keineswegs mehr Gleiches mit Gleichem vergolten werden.

Jesus Christus: „Ihr habt gehört, dass gesagt ist: Du sollst Deinen Nächsten lieben und Deinen Feind hassen. Ich aber sage Euch: Liebet Eure Feinde; segnet, die Euch fluchen; tut wohl denen, die Euch hassen; bittet für die, so Euch beleidigen und verfolgen." (Matthäus 5,43, 44) und „Wenn Dich einer auf die linke Wange schlägt, dann halt ihm auch die andere hin" (Matthäus 5,39)

Dieses überlieferte Prinzip ist auch aus der physikalischen Sicht, im Umgang mit der Energie, als sinnvoll anzusehen. Denn physikalisch betrachtet gilt dieser Grundsatz:

Der Einsatz von Kraft ruft immer eine Gegenkraft gleicher oder ähnlicher Grössenordnung hervor.

Genau so, wie im physikalischen Universum, funktioniert es auch im geistigen Kosmos:

Kraft erzeugt Gegenkraft.

Dies ist der Beginn von Dramatisationen, die dann von der Ursache zur Wirkung so aussehen:

Kraft in Form einer Absicht oder eines Wollens führt zu einer Gegenkraft oder der entgegen stehenden Absicht, die nun eine noch stärkere Kraft geradezu herausfordert.

Eine immer stärker wirkende, entsprechende Gegenkraft wird herausgefordert!

Der Einsatz von Kraft oder Gewalt schaukelt sich hoch und führt somit bis zur Eskalation > in einen Krieg. Dies heißt, auf den Einzelnen bezogen:

Wenn jemand eine chronische Wut oder festsitzenden Zorn verspürt und dieser heftig wirkenden Energie keinen Abfluss bieten kann, dann trägt er in sich selbst diesen zerstörerischen Mechanismus von Kraft und Gegenkraft.

Jemand steht sich gewissermaßen selbst im Wege, wenn es darum geht, voran zu kommen.

Oft wird dann dieser Kraftimpuls „Wut" oder „Zorn" auch nach außen getragen und es wird versucht, ihn an Gegenständen oder Mitmenschen zu entladen.

Weil sich aber Menschen in dem Korsett von Moral und Recht befinden, kann daraus verdrängte Wut oder unterdrückter Zorn werden.

Ein vergiftender Schwelbrand mit krankmachenden Folgen entsteht.

Außer, dass Wohlbefinden und Zufriedenheit sowie alle Arten von Befriedigung auf der Strecke bleiben, sind mögliche Auswirkungen von zurückgehaltener Wut die Ursache für vielerlei chronische Krankheitserscheinungen.

Genau dieser Mechanismus führt beispielsweise zu den Krankheitsbildern von Diabetes über Herz-, Blut- und Nervenkrankheiten bis zum Krebs, einem Krieg im eigenen Körper.

Dabei verbirgt sich hinter all diesen Emotionen immer nur der eigene, innere Drang, etwas zu <u>wollen.</u>

Dieses aber, aus welchem Grunde auch immer, nicht verwirklichen zu <u>können</u>.

Dieser Zwiespalt zwischen Wollen und Können zerreißt das menschliche Wesen innerlich sowie im Außen, den Körper plus seinen Verstand plus sein soziales Umfeld.

Die Lösung ist einfach und sieht folgendermaßen aus:

Das Wollen und das Können müssen rehabilitiert werden!

Ursprünglich hat sich das gravierende Verlustgefühl ergeben, als die Fähigkeiten eines geistigen Krafteinsatzes, einem intensiven Wollen, erstmals an einer von außen oder von innen kommenden Gegenkraft scheiterte.

Dies kann sowohl eine Kraft von außerhalb gewesen sein, etwa eine andere Person oder ungünstige Umstände im physikalischen Universum, als auch ein Impuls inneren Entgegenwirkens, zum Beispiel ein sich selbst zurückhaltender Gewissenskonflikt bei der Abwägung zwischen Gut und Böse.

Es sind immer, in allererster Linie, die eigenen geistigen Kräfte beim Überleben beziehungsweise zum Überleben die nicht harmonisch ausgeglichen sind, wenn Störungen sich einstellen.

Die in Unordnung geratenen Emotionen wirken sich unmittelbar auch auf das Energiefeld einer Person aus.
Krankheitsbilder und Krankheitserscheinungen der verschiedensten Arten zeigen sich als Unregelmäßigkeit in den Energien.
In jedem Falle haben die Gegenkräfte etwas mit den acht geistigen Ebenen zu tun, die in Widerstreit geraten sind.

Das Niveau bei der Gesundheit, geistiger und körperlicher sowie sozialer Art, hat immer auch einen Bezug zum Ethikniveau:

Je harmonischer das Energiefeld einer Person schwingt, umso gesünder ist ein Mensch, umso hochwertiger ist auch sein ethisches Niveau.

Recht

Der Moral und Sitte nachgeordnet ist das System des Rechts. Es ist noch besser für Manipulationen geeignet. Hier der Versuch einer Definition, in Anlehnung an: https://de.wikipedia.org/wiki/Recht.

Die Bedeutung des Begriffs: „Recht", variiert entsprechend dem Zusammenhang bei der Verwendung. Er unterscheidet sich je nach ihrer Disziplin, wobei sogar innerhalb der Disziplinen keine Einigkeit besteht.

Die Schwierigkeit einer allgemeinen Definition wird deutlich, wenn man die verschiedenen Systeme betrachtet, die Recht als Teilbegriff beinhalten.
Zum Beispiel: Strafrecht, Kirchenrecht, Naturrecht, Völkerrecht, Richterrecht, Gewohnheitsrecht, ...

Daneben lassen sich mehrere Begriffe mit zugeordneten Gegenüberstellungen ausmachen. Jede Definition hängt hier davon ab, von welchem dieser Begriffe sie das Recht unterscheiden will.
Zum Beispiel: Recht und Unrecht; Recht, Moral und Sitte; Rechte und Pflichten; Recht und Gerechtigkeit; Gesetz und Recht (Art. 20, Abs. 3 GG).

Eine Rechtsordnung sollte nicht ein Gefüge „abstrakter", vom Leben abgelöster, Normen sein, sondern als geltendes Recht ein Gefüge „wirksamer" Normen.

Diese sollten außerdem hinreichende Motivationkraft und Durchsetzungschancen besitzen. Das von den Rechtsnormen vorgesehene Verhalten sollte „bewirkt" werden können.

Kurz die englische Aussage:

Das Recht sollte „law in action" sein.

Die einmal eingeführte Rechtsordnung hat somit im Idealfalle zum Ziel, durch menschliches Handeln „zur Geltung gebracht" zu werden.
Dabei fügt sie sich ein, in die Lebenswirklichkeit der jeweiligen Kultur und deren Zeitgeist.

Es wird bei all den Rechtssystemen grundsätzlich unterschieden, zwischen dem objektiven und dem subjektiven Recht:

Objektives Recht sind die allgemeingültigen, generellen Rechtsnormen. Dies sind Regeln mit allgemeinem Geltungsanspruch.
Sie entstehen gewohnheitsrechtlich oder sie werden als „positives" (das heißt gesetztes) Recht von staatlichen oder überstaatlichen Gesetzgebungsorganen oder satzungsgebenden Körperschaften geschaffen.

Im Gegensatz zu Moral und Sitte sollte das Recht staatlich gewährleistet sein oder werden können.

Die Normen dieses objektiven Rechts fügen sich zu staatlichen Rechtsordnungen zusammen.
Deren Grundbausteine sind die Gebote, die ein bestimmtes Tun oder ein Unterlassen vorschreiben.

Darunter versteht man auch die Rechtsentstehungsnormen.
Diese sind, außer den in der Frühzeit des Rechts bedeutsamen Regeln über die Entstehung von Gewohnheitsrecht, heute vor allem gesetzliche Ermächtigungen.

Sie bestimmen, wer, auf welche Weise die allgemeinen Vorschriften erlassen oder konkrete Rechtspflichten begründen kann.

Zum Beispiel durch eine behördliche Anordnung oder im Privatbereich durch den Abschluss eines Vertrages.

Subjektives Recht ist die konkrete Berechtigung eines Rechtssubjekts, etwas zu tun, zu unterlassen oder von einem anderen zu verlangen.

Diese Berechtigung ergibt sich entweder unmittelbar aus dem objektiven Recht oder sie hat in ihm ihre Grundlage zur Ermächtigung.

Zu solchen Berechtigungen gehören im Besonderen alle dem individuellen Sein zurechenbaren Freiheitsrechte. Diese ergeben sich speziell aus den generellen Grundrechtsgarantien.

Dazu gehört zum Beispiel das Recht seinen Beruf zu wählen. Ferner sind es die Ermächtigungen zu rechtswirksamen Handlungen.

Zum Beispiel ein Kündigungsrecht, durch das ein Mietvertrag beendet werden kann. Eben daraus entstehen dann Ansprüche, von einem anderen etwas zu verlangen.

Die rechtliche Gewährleistung für solches „Verlangenkönnen" liegt darin, dass der Berechtigte vor Gericht klagen kann. Dieses ist dann verpflichtet, ihm zur Durchsetzung seines Rechts zu verhelfen.

Im Leiteinischen: „Ubi actio ibi ius.", was heißt: "Wo es eine (gerichtliche) Klage gibt, dort gibt es ein Gericht."

Im Deutschen wird derselbe Inhalt oft negativer formuliert: "Wo kein Kläger, da kein Richter."

Eine der wesentlichen Komponenten eines subjektiven Rechts ist demnach eine rechtlich gewährleistete Durchsetzungsinitiative.

Rechtssystematisch wird das ursprüngliche, apodiktische Recht (Du sollst / sollst nicht ...), etwa der Zehn Gebote, von dem konditionalen Recht (wenn < > dann) unterschieden, das die moderne Gesetzgebung prägt.

Wie bereits angedeutet: Wer versucht Recht mit Gerechtigkeit gleichzusetzen wird schon recht bald Schiffbruch erleiden.

Ein Oberstaatsanwalt aus meinem Heimatort hat dies einmal so formuliert: „Vor Gericht geht es nicht um Gerechtigkeit, es geht nicht einmal um Recht, es geht nur darum, ein Urteil zu fällen!"

Das ganze System des Rechts beruht auf der nur subjektiven Anschauung von (nicht wirklich) unabhängigen Richtern.

Diese sind nämlich überwiegend oder eigentlich ausschließlich, den, aus dem Prozess ihrer Entstehung, zwangsläufig unzulänglichen, Gesetzestexten und sodann ihrem privaten Gewissen verpflichtet.

Recht geht, zurückgehend auf das für uns noch immer gültige, römische System des Rechts, im Gegensatz zu der übergeordneten Ethik, von der Betrachtung aus, dass jeder Mensch im Grunde schlecht ist (mit einer Erbsünde belastet!?).

Daher bedarf es eines möglichst umfangreichen Regelwerkes, um die Menschen vor sich selbst zu schützen.

Betrachtungen
zum Naturrecht

Hier wird versucht Ethik, Moral und Recht unter einen Hut zu bringen.

„Es gab immer ein Gebot, ausgehend von der Naturordnung, zum Tun des Rechten antreibend und abmahnend vom Vergehen, welches nicht erst dann anfängt, Gesetz zu sein, wenn es geschrieben, sondern schon dann, wenn es entstanden ist.

Entstanden aber ist es zugleich mit dem göttlichen Geist.

Das wahre Gesetz ist rechte Vernunft, die mit der Natur übereinstimmt, allen zuteil wird, ständig und ewig ist.

Es gilt in Rom wie in Athen, heute und morgen. Für alle Völker und Zeiten wird es ewig und unveräußerlich bestehen."

Marcus Tullius Cicero
(106 v. Chr.-43 v. Chr., römischer Philosoph)

„Die Naturrechte sind gewissermaßen durch göttliche Voraussicht aufgestellt worden.

Sie werden bei allen Völkern ganz gleichmäßig beobachtet, sie bleiben immer in Geltung, und zwar unverändert."

Johannes Stobaios
Sammler antiker philosophischer
Aufzeichnungen und Lehrmeinungen

„Denn wenn Heiden, die das Gesetz nicht haben, doch von Natur tun, was das Gesetz fordert, so sind sie, obwohl sie das Gesetz nicht haben, sich selbst Gesetz.

Sie beweisen damit, dass in ihr Herz geschrieben ist, was das Gesetz fordert, zumal ihr Gewissen es ihnen bezeugt, dazu auch die Gedanken, die einander anklagen oder auch entschuldigen."

Bibel, Neues Testament
Römerbrief 2,14-15

Ethik

Zum Thema Ethik gibt es seit ewigen Zeiten tiefschürfende Kontroversen. So wird die Ethik im alten Griechenland speziell als das sittliche Verständnis eines Charakters oder einer Sinnesart angesehen.

Vom Griechischen „ethikos" = "sittlich, tugendhaft", soll sie eine Lehre sittlichen oder tugendhaften Verhaltens des Menschen sein.

Ebenso ist sie in der Römerzeit jener Teilbereich der Philosophie, der sich mit den Voraussetzungen menschlichen Handelns und seiner Bewertung befasst. Im Zentrum der Ethik steht dort das spezifisch moralische Handeln, insbesondere hinsichtlich seiner Begründbarkeit und seiner Reflexion.

Cicero, wohl einer der fähigsten Köpfe des antiken Rom, übersetzte als erster „êthikê" in den seinerzeit neuen Begriff „philosophia moralis". Seitdem wird die Ethik in all ihren Schattierungen traditionell als „Moralphilosophie" bezeichnet.

Dabei sollten wir niemals vergessen: Cicero war nicht nur ein Philosoph sondern auch ein hochgradiger Machtpolitiker und Stratege.

In seiner politischen Praxis zeigte er zudem eine schwankende Flexibilität, die ihm den Vorwurf des Opportunismus und der Prinzipienlosigkeit eingetragen hat.

Unter anderem wegen seiner hintergründigen, anscheinend absichtlich diffus gestalteten Philosophie schließe ich mich der Tradition zur Betrachtung von Ethik als Abklatsch von Moralisierung nicht an.

Denn genau damit wird viel zu viel Unklarheit hervorgerufen und Unehrlichkeit betrieben.

Fälschlicherweise wird Ethik auch heute per Wörterbuch lediglich nur noch als Synonym für eine Art Morallehre oder Moralphilosophie gebraucht.

Diese Betrachtungsweise einer viel zu schwierig gemachten Ethik, trägt im Kern die Verlogenheit, aufgrund seiner Kompliziertheit. Sie wirkt verwaschen und in alle Himmelsrichtungen dehnbar. Ihre Anwendbarkeit leidet.

Ethik sollte aber die bestimmende Grundlage unseres Handelns als Wesenheiten sein. Deshalb ist Ethik hier nicht das moralisierende Gut oder Böse.

Ethik ist wesentlich mehr als nur Sitte und Moral. Sie geht davon aus, dass alle Menschen dem Grunde nach überaus hochwertige Wesen sind.

Sie ist einfach:

Eine sowohl emotionale als auch analytische Abwägung von Denken und Handeln, für das größte Wohl der größten Anzahl der Ebenen der Geister.

Die Ethik ist eine Neodynamik, eine Dynamik des Erlebens und des Überlebens übergeordneter Art, auf der Basis von Logik und Vernunft.

Je mehr jemand von Ethik versteht, je mehr dynamische Ethik er anzuwenden weiß, desto mehr trägt er auch zum Leben und kraftvollen Überleben sowie zur Erlebensfähigkeit für all die anderen Ebenen bei.

Erst unterhalb von Ethik siedeln sich die nachgeordneten Betrachtungsweisen des Sittlichen an: Moral und Recht mit wünschenswerter Gerechtigkeit.

Ethik ist Vernunft pur,
Ethik ist die Sinnfrage.

1. Ethik besteht in Wirklichkeit aus Vernunft in Richtung auf die höchste Ebene des Erlebens und des Überlebens von Leben, sowohl für das Individuum, die kommenden Generationen, die Gruppe, die Menschheit als auch für die anderen Ebenen zusammengenommen.

Das höchste Ethikniveau würde somit aus langfristig angesetzten, durchweg positiv wirkenden Konzepten zum Überleben bestehen, dabei mit nur minimalen Überlegungen zur Zerstörung. Und zwar auf allen Ebenen!

2. Die Ethik ist im Menschlichen immer eine persönliche Angelegenheit. Gemäß seiner gemeingültigen, allerdings verwaschenen Definition bedeutet das Wort: "Lehre von der allgemeinen Natur der Moral, den moralischen Entscheidungen, die der einzelne in seiner Beziehung mit anderen treffen muss".

Wenn man ethisch ist oder "seine Ethik drin hat", so beruht dies immer auf der eigenen Selbstbestimmung und wird von einem selbst bewirkt beziehungsweise verursacht.

Die Vernunft ist auch hierbei der übergeordnete Maßstab.

Im Sinne eines vernunftbegabten, ethischen Umganges mit seinen Mitmenschen hat sich diese „Goldene Regel", auch bekannt als „Hexenkodex", letztlich dann als Volksweisheit etabliert:

**„Was Du nicht willst, das man Dir tu',
das füg auch keinem andern zu."**

Der Weg zum Wissen

vom „Totalen Nichtwissen" zum „Absoluten Wissen"

Er sieht folgendermaßen aus:

Am untersten Ende einer leicht nachvollziehbaren Skala befindet sich das totale **Nichtwissen.**
Es ist zugleich NichtSein, in einer überwiegend selbst inszenierten sodann von anderen bestärkten Welt voller Lügen.
Dies ist jedoch noch nicht gleichbedeutend mit dem Tod von Menschen. Leute, die im Nichtwissen leben, schauen die Welt rundum lediglich nicht an. Sie gehen tatsächlich blicklos (nicht gleichbedeutend mit Blindheit) durch ihr Gerade-noch-Leben.

Wenn jemand auf der angenommenen Skala weiter nach oben gelangt, den Weg aus irgendeinem Grunde voran geht, klettert er über die Bereiche „Verdrängung" und dann „Verleugnung" zu „Zweifel".

Verdrängung und **Verleugnung** sind sich noch ziemlich ähnlich. Auch hierbei wird die Umgebung weder als Wirklichkeit noch in der Realität wahrgenommen. Selbst offensichtlich gewordene Wissensbestandteile werden von den Menschen in diesem Zustand einfach unterdrückt.

Für Verdrängung und Verleugnung haben Experten von Berufsgruppen die sich mit der menschlichen Psyche beschäftigen, entsprechend kreative oder gezielte Krankheitsbezeichnungen gefunden und verbreitet.

Bis hin zum Zweifelsbereich sind bewusstes oder nicht bewusstes Wegschauen die Aktionen, mit denen darin verfangene Menschen ihrer Umwelt begegnen.

Indem Dinge, Vorgänge und Mitmenschen einfach in **Zweifel** gezogen werden, wird ihnen im Vorurteil eine gewisse Nichtexistenz unterstellt.

Sie werden angezweifelt, noch bevor auch nur annähernd hingeschaut oder ein Blick darauf geworfen wurde.

Notorische Zweifler bremsen sich auf dem Weg zum Wissen selbst aus.

Oberhalb von Zweifel befindet sich auf dem gestuften, aufwärts strebenden Weg der erste positiv wirkende Bereich, bezeichnet mit: **Ahnung**.

Diese Ahnung, dass etwas doch anders sein könnte, als man vielleicht bisher angenommen hat, ergibt sich aus einfachem Zuschauen.

Die Zuschauer sind im Großen und Ganzen inaktive Menschen, die sich für das beobachtete Geschehen nicht selbst verantwortlich machen lassen.

Jedoch dieser neutral Zuschauende erlangt zumindest die erste ahnungsvolle Vorstellung davon, dass die Welt um ihn herum etwas anders sein könnte, als er möglicherweise bisher annahm.

Ahnungsvoll beginnt er so vom Wegschauen zum Hinschauen umzuschwenken. Er überschreitet somit die Grenzlinie, die den Weg, aus dem Nichtwissen heraus, hin zum Wissen markiert.

Von hier aus kann eine machtvolle, geistige Verbesserung aller Lebensbereiche herbeigeführt werden.

Auf dem Weg der Betrachtungsweisen, herauf von dem völligen Nichtwissen hin zu absolutem Allwissen, begegnen wir dem **Glauben**.

Gemäß der Definitionen im Wörterbuch versteht man im allgemeinen unter dem Glauben:

„Eine innere Gewissheit, die von äußeren Beweisen unabhängig ist."

Somit ist der Glaube eine gefühlsmäßige Überzeugung. Er ist dabei gepaart mit unerschütterlichem Vertrauen und mit Zuversicht.

Im religiösen Verständnis erfahren wir hierzu:

„In dem Glauben offenbaren sich allerlei Wahrheiten aufgrund fremder Mitteilungen oder eigener innerer Erfahrung. Dies stärkt die innere Gewissheit über das persönliche Verhältnis zu Gott. Daraus ergibt sich die widerspruchslose Bekenntnis zu einer Heilslehre."

Der Gläubige ist dem Ahnenden eindeutig übergeordnet. Der Bereich „Glaube" markiert nämlich einen Wissensstand, von dem aus sich eine stabil zunehmende Eigendynamik entwickelt, die dem absoluten Wissen zustrebt.

Gläubige Menschen beobachten ihre Umgebung genauer. Sie erkennen klar den Unterschied zwischen völliger Lüge und einer möglichen Wahrheit.
Und sie glauben zweifelsfrei daran, dass da noch mehr sein muss, als sie mit ihrem derzeitigen Denkvermögen rationalisieren können.

Menschen, die aus ihrem Glauben „fallen", geraten automatisch zurück, unter die fiktive Grenzlinie, in den Bereich Zweifel. Dies gilt für all dies wozu die Gläubigen ein Zutrauen hatten oder wofür sie ihr Vertrauen hegten. Sie zweifeln beziehungsweise verzweifeln dadurch an ihrem bisher Geglaubten.

Vertrauen ist sowieso etwas, das man individuell verschenkt. So sagt man: „Ich schenke Dir mein Vertrauen!"

Es ist nichts, was jemand von einer anderen Person einfordern kann. Entweder man gibt sein Vertrauen aus eigener Überzeugung oder eben nicht.

Für das Vertrauen gibt es keine Gradienten, keine Zwischenstufen. Ebenso, wie es kein „nur ein bisschen schwanger" gibt, lässt sich die Vertrautheit niemals zergliedern.

Daraus folgt: Ist das Vertrauen erst einmal erschüttert, gibt es so leicht kein Zurück mehr. Das Misstrauen haftet schwer und es breitet sich mehr und mehr aus. Erst durch besonders intensive Vertrauensbeweise lässt sich Misstrauen stoppen und das Vertrauen wieder erarbeiten.

Insbesondere der vertraute, bewusste Umgang mit ihren entsprechend positiven Glaubenssätzen festigt den Glauben. Insofern ist das verbindende Trauen, also das Vertrauen, mit dem Glauben gleichzusetzen.

Misstrauen entspricht demzufolge dem verlorenen oder dem zu vermissenden Glauben.

Ohne den visionär spirituellen, beziehungsweise dem religiösen Glauben sind wir sklavisch, auf Gedeih und Verderb, jenen Herrschaften ausgeliefert, die uns ausschließlich dem materiellen Weltgeschehen zuordnen wollen.

Deshalb sollten wir nicht zulassen, dass jemand den Glauben negativ bewertet, somit abwertet.

Glaube, Liebe, Hoffnung sind nicht umsonst miteinander verwobene, wirksame Faktoren, die uns Menschwesen aus dem zähen, nach unten ziehenden Sumpf materieller Denkweisen herausgehoben haben und noch immer herausheben.

Wie bereits angedeutet bewegt sich jeder Suchende nun, auf seinem Weg zum Wissen, vom Glauben aus dynamisch weiter voran.

Das geglaubte Mehr, eine ins wunderbare erweiterte Welt- oder Gottessicht, die Gläubige zu sehen erhoffen, erzeugt **Interesse**.

Allerdings haben dumme, von Dogmen gesteuerte, Glaubenssysteme und deren Dienerschaft (Priesterschaft), es immer wieder vermocht, den Weg nach oben, hin zu mehr Wissensbestandteilen, abzublokken.

Glücklicherweise sind wir Geistigen Wesen nicht nur diese kleinen Menschlein. Unser ursprünglicher Drang zu Höherem, hin zu TAO, unser aller Ursprung, hat bis heute, zumindest teilweise den Sieg davon getragen.

Die TAO-Liebe, sowohl im Geistigen als auch beim Göttlichen, ist immer wieder ein Anknüpfungspunkt für den zunehmend dynamischen Werdegang.

Die hellen Schimmer der Hoffnung weisen uns zudem den Weg über die dunklen Machenschaften von Unterdrückern hinaus.

So sind Glaube, Liebe und Hoffnung besonders hilfreiche Wegbegleiter, wenn es darum geht, unseren Blick für ein immer bewussteres Dasein zu schärfen.

Erst reizt die Gläubigen ein **mildes Interesse** an erweitertem Wissen. Es wird mit der Zeit stärker und immer stärker.

Bei zunehmend **starkem Interesse**, beginnt sich der Blick für die Welt deutlich zu wandeln. Alle Entdecker und Erfinder der vergangenen Jahrhunderte, bis heute, können ein Lied davon singen.

Schließlich gipfelt das Interesse im Bereich Gier, hier speziell als **Neugier**. Die zunehmende Eigendynamik fordert den Strebenden geradezu heraus. Der Blick des Menschen schweift über den Horizont hinaus, den physischen sowie den geistigen.

Dieser erweiterte Horizont fördert letztlich den vorwärts strebenden Antrieb, zu neuen Ufern aufzubrechen. Die frühen Seefahrer, nicht nur Christoph Kolumbus, ebenso wie später die Raumfahrer, können in das genannte Lied einstimmen.

Die ungebremste Neugier verlangt geradezu überschäumend danach, so viel wie nur irgend möglich, Wissenswertes anzustreben.

Es gibt etliche Menschen, von denen man annehmen könnte, sie wären doch tatsächlich im Bereich Neugier haften geblieben. Deren einziges Lebenselixier ist offenbar dauerhafte Neugier.

Man könnte hier auch von der Sucht nach dem Wissen über die Einzelheiten des Lebensinhaltes anderer Menschen sprechen. Diese Leute nähren ihr Bedürfnis, ihre Manie (ihre Gier) daran, ständig bei ihren Mitmenschen zu spionieren.

Ebenso wie der Nachbar von nebenan, leben Geheimdienste von der Neugier. Manchmal ist es, speziell aus deren Selbstverständnis heraus, wohl tatsächlich enorm überlebenswichtig, mehr zu wissen als der Durchschnitt.

Es heißt nicht umsonst: „Wissen ist Macht." Davor steht die Begierde, immer auf dem neuesten Stand des Wissens zu sein. Diese Art Neugier dient somit oftmals dem Machtstreben gewisser Leute.

Vorsicht vor solchen Machenschaften! Häufig bleibt es nicht beim Ausspionieren. Während die einen ihre Gier (Neu- und Macht-Gier) befriedigen, sind sie nämlich zugleich bestrebt die Menschen ihrer Umgebung mit verlogenen Geheimnissen hinters Licht und in die Irre zu führen, sie in Richtung „Nichtwissen" zu drängen.

Darüber sollten wir Bescheid wissen!

Diese Gier nach immer Neuem hat den Menschen allerdings auch aus seinem Dasein als „Urmenschen" herausgerissen.

Auch aus den Verhältnissen des so genannten „dunklen Mittelalters" entkam die damalige Gesellschaft mit der Hilfe neugieriger Leute.

Über diese Triebfeder Neugier katapultiert sich die Menschheit eines Tages selbst noch weiter ins All hinaus.

Ein jüdisches Sprichwort sagt zurecht:

„Schon wegen der Neugier ist das Leben lebenswert."

Menschen dringen aufwärts strebend in den Bereich **Überzeugung** vor.

Damit ist gemeint, dass der kürzeste Seeweg nach Indien endlich tatsächlich entdeckt worden ist, auch wenn der neue Kontinent letztlich Amerika heißt.

Es kommt also nur darauf an, ein brauchbares Zwischenziel erreichbar gemacht zu haben.

So wurden auch die Newton'schen Formeln durch die Erkenntnisse eines Herrn Einstein ergänzt. Und, die neueren Theorien über Quanten sprengen die alten Atommodelle.

Dennoch wäre vermutlich jeder neuere Schritt ohne die jeweils alten unmöglich gewesen. Es kommt also auch nicht darauf an, ob der Mensch nun wirklich von einem Entwicklungszweig aufrecht gehender Affen abstammt, wie es Charles Darwin angeblich schlussfolgerte.

Entscheidend bleibt allein schon die faszinierende Theorienfolge, die völlig neue Denkansätze in der Wissenschaft angestoßen hat.

Jede Art von Überzeugung ist zu ihrer Zeit immer ein Stück weit richtig. Wichtig bleibt nur: Es darf kein verfestigendes Dogma daraus werden!

Immer und immer wieder muss der Weg offen bleiben, damit auch aus noch so anscheinend felsenfesten Wissensbestandteilen gegebenenfalls andere, neuere Puzzle gesetzt werden können.

Die schließlich gewonnene, aus vielerlei Überzeugungen heraus gebildete, schon sehr weitgehende **Wissensgewissheit** wird heute fälschlicherweise häufig dem Bereich des „Glaubens" zugeordnet.

Oder umgekehrt: Der Zwischenschritt Glaube wird gerne als Wissensgewissheit gepriesen und uns auch so verkauft.

Die Wissensgewissheit ist allerdings lediglich ein fragmetarisch gefügtes und oft dennoch ziemlich vollständiges Wissenspaket von etwas.

Sie hat noch lange nichts mit dem Absoluten des Göttlichen TAO gemeinsam, bestenfalls mit der Befähigung des Geistigen TAO.

Auf dem recht steinigen Weg zu mehr und mehr Wissen müssen wir wohl heute annehmen:
Absolutes Wissen ist für den Menschen praktisch nicht erreichbar.

Dieses bleibt dem Göttlichen TAO vorbehalten, der/die/das uns, Geistiges TAO, in die Aufgabe zur Errichtung des „Großen Spiels" gesandt hat.

Denn hätten wir jetzt noch immer oder schon wieder dieses absolute Wissen, so hätten wir kein Spiel. Einer der entscheidenden Spielfaktoren, den wir uns selbst schon sehr frühzeitig auferlegt haben, heißt: Vergessen!

Daraus wuchs dann das: „Sich erinnern" oder eben „nicht erinnern können".

Und schon waren wir inmitten des Spielgeschehens: Von nun an durften wir uns aus eigenen Gnaden, das vorgeblich verloren gegangene, angeblich vergessene Wissen mühevoll wieder aneignen.

Was Wissen ist!?!

Selbst diese Definition mussten wir aus dem allgemeinen Vergessen erst wieder ausgraben und uns nutzbar machen.

Deshalb hier nochmals ausführlich: Generell wird **Wissen** als ein für Personen oder Gruppen verfügbarer Bestand von Daten, Fakten, Theorien und Regeln verstanden.

Im Wissensmanagement und der Wissenslogistik ist Wissen eine vorläufig wahre Zustandsgröße und ein selbstbezüglicher Prozess.

Diese zeichnet sich dann durch eine größtmögliche Gewissheit aus. Von ihrer Gültigkeit beziehungsweise Wahrheit wird somit ausgegangen.

Als Wissen deklarierte Sachverhaltsbeschreibungen können also wahr oder aber falsch sein, je nach dem Grad der Vollständigkeit des zur Verfügung stehenden Datenmaterials. So kann es auch mit den weitgehend unterschiedlichen Graden der Gewissheit einhergehen.

Wissen kann verschiedene Themenbereiche betreffen. Es kann unterschiedlich erworben, gerechtfertigt und präsentiert werden oder auf verschiedene Weisen verfügbar sein.

Die grundsätzliche Voraussetzung für die Aufnahme von Wissen ist ein wacher, sich selbst reflektierender, dualistisch angelegter Bewusstseinszustand.

Wissen ist eine mit Erfahrungswerten getränkte Information. Wobei Information ein Datensatz ist, welcher bei jedem der verschiedenen Beobachter durch die jeweilige Betrachtungsweise unterschiedlich bewertet wird.

Die Daten werden entweder analytisch bewusst wahrgenommen oder unbewusst aufgenommenen.

Die Daten und Informationen als Wissen werden idealerweise zur richtigen Zeit an die richtige Person geliefert, damit diese die am besten geeignete Lösung wählen kann. Damit wird Wissen mit seiner Nutzung verknüpft.

Wissen bezeichnet im größeren Rahmen: Die Gesamtheit aller organisiert zur Verfügung stehenden Datensätze und Informationen und ihrer wechselseitigen Zusammenhänge.

Auf eben dieser Grundlage kann ein System, wie etwa der Mensch mit seinem Verstand, halbwegs vernünftig denken und handeln.

Eine relativ vollständige Datenmenge in der Art und Weise von Wissen erlaubt es dem Verstand analytisch sinnvoll und bewusst auf Reize zu reagieren.

Die vordergründige Zielsetzung dieser Denk- und Handlungsweisen ist hierbei pure Selbsterhaltung.

Hinter den Kulissen sehen wir, die wir TAO sind, den Geist des Spielens, der sich mit dem Erwerb von Wissen spielerisch befasst.

Wohin Wissen führt!?!

Davon auszugehen, das absolutes TAO-Wissen sei erreichbar, ist aus unserer menschlichen Position heraus illusorisch.

Selbst dann, wenn wir unsere TAO-Geistigkeit annähernd wieder rehabilitieren, unterliegen wir noch dem uralten Postulat der „ersten Stunden", das bereits auf „Vergessen" gerichtet ist.

Also überlassen wir das Absolutum dem Göttlichen TAO und erarbeiten uns die Wissensbestandteile, die unseren derzeitigen Möglichkeiten angemessen sind.

Ein Wissensgebilde ohne sinnvolle, sinnbringende Anwendung bleibt leer und hohl, ohne Leben. Erst das Tun vervollständigt den Weg zum Wissen mit Zwischenzielen.

Erst seine Umsetzung in Handlungsweisen zeigt auf, was der Erwerb von Wissen auf dem Weg zum Fortschritt wert ist. Darin wird deutlich, wessen Geistes Kind der Strebende ist.

Mit der **Weisheit** bezeichnen wir daher sowohl die Ansammlung von Wissen als auch deren Anwendung und die Weitergabe, wie beispielsweise in der Form von Aus- und Weiterbildung.

Sie soll damit zum geistigen Aufstieg von Menschen zu höheren Wesen führen und in letzter Konsequenz zur Transformation.

Die Weisheit zeugt hierfür von geistiger Beweglichkeit und Unabhängigkeit: Sie befähigt ihren Träger, systematisch zu denken, zu sprechen oder zu handeln.

Ein weises Verhalten, sowie ein weises Wort oder ein weises Urteil sollten sich in den gegebenen Situationen als nachhaltig sinnvoll erweisen.

Wahrscheinlich die ältesten „Bücher der Weisheit" sind die allerersten Schriften der Inder, die Weden. Dies bedeutet ganz einfach "Wissen" oder "heilige Kunde". Es gibt bis zu 150.000 dieser heiligen Bücher.

Auch in anderen Teilen des Planeten wurde Wissen erarbeitet, sowie zu Weisheit transformiert und überliefert.

Der entscheidende Nachteil gegenüber den Aufzeichnungen der Hindu ist, dass zum Beispiel die Druiden des Abendlandes ihr gesamtes Wissen nur mündlich weiter gegeben haben.

Zeichen oder Buchstaben, wie die Runen, waren für sie geheime Symbole mit magischen Fähigkeiten.

Es war daher sogar strengstens verboten mit diesen bedeutenden Sinnbildern Schindluder zu treiben. Zumal das Wissen, nicht nur nach deren Überzeugung, seinen Ursprung bei den Göttern hatte und somit religiöse Weisheit war.

Alte Weisheit und „Wissenschaft die Wissen schafft" stehen heutzutage oftmals im heftigen Widerstreit.
Es sieht sogar fast so aus, als würden die Ur-Religionen von ihren gelehrten Nachfolgeorganisationen absichtlich abgewertet und damit abgelehnt, weil sich hier erbitterte Konkurrenten gegenüberstehen.

Insbesondere im ach so modernen Gesundheitswesen, auch einem der Weisheit dienlichen Gebiet, bei deren Betrachtung und Behandlung von Körper, Geist und Seele, gibt es deutliche Unstimmigkeiten.

Das geheime Wissen der „Alten" wird zumeist eifersüchtig in Bibliotheken von Großkirchen und Bruderschaften gehortet und gehütet.

Die neueren Wissenschaften hingegen verstecken ihre überaus klugen Lehren hinter griechischen und/oder lateinischen Begriffen sowie für die meisten, nicht eingeweihten Menschen, unverständlichen Wortschöpfungen.
Hier von Weisheit, im Sinne von Gelehrsamkeit und einem überlegenen Wissen, zu sprechen, kann wohl nicht ganz stimmen.

Da sind die weisen Aussagen der Volksweisheit schon wesentlich sympathischer.
Diese sind jedermann zugänglich, wenn man vermag auf Oma, Opa und andere Vorfahren zu hören oder davon zu lesen.

Der Begriff: „Weisheit des Alters", ist aber nicht immer nachvollziehbar. Denn die Lebenserfahrung führt nicht automatisch zu so genannter innerer, geistiger Reife.

Ernest Hemingway bemerkte hierzu:

„Die Altersweisheit gibt es nicht.
Wenn man altert, wird man nicht weise,
sondern nur vorsichtig."

Wenn nämlich die angesammelte Einsicht und Klugheit der Vorvorderen echte Weisheit hervorgebracht hätte, gäbe es heute schon lange keine Kriege mehr und weder Hunger noch Not auf diesem Planeten.

Nach weitgehendem Wissen und der Weisheit zu streben ist nichtsdestoweniger eine herausragende Tugend, die uns zumindest in Zukunft voranbringen sollte.

Dazu gehört selbstverständlich auch, hinter die Kulissen der Wissenschaften und der scholastischen Gelehrten zu schauen. Wir dürfen uns nicht länger ein X für ein U vormachen lassen.

Auch sollten wir uns nicht schrecken lassen, wenn jemand uns haarsträubende Wortgebilde vorsetzt, um Gelehrsamkeit vorzutäuschen.

Mit fiesen Tricks und etlichen Manipulationen hat manch einer (wer auch immer) jahrhundertelang versucht uns in tiefer Unwissenheit zu halten.

Erst im Zuge der Aufklärung (ab dem 17ten Jahrhundert) wurden wir Stück für Stück wieder wissender, so glauben wir.

Der deutsche Philosoph Immanuel Kant bemerkte hierzu:

„Aufklärung ist der Ausgang des Menschen aus seiner selbst verschuldeten Unmündigkeit."

Ob wir dadurch auch automatisch etwas weiser wurden? Lassen wir es einmal dahin gestellt. Denn, das viele, dereinst (wie auch heute noch) übergestülpte Halbwissen verschüttet noch immer den Weg zur Weisheit. Wir müssen also fortwährend bestrebt bleiben, uns nicht wieder zurückdrängen zu lassen, damit gewisse Mächte diesen Ausgang nicht noch einmal verbauen können. Arbeitet daran mit!

Lasst Euch in diesem Sinne nicht von der nachfolgenden Definition für Weisheit schrecken. Hier habe ich gefunden:

„Als Weisheit wird bezeichnet: Eine transkulturell-zeitlose, universal-menschliche, reale oder ideale, entweder als reifungsbedingt erwerbbar oder aber als göttlich verliehen gedachte exzeptionelle Fähigkeit."

Eine superumfangreiche Art und Weise den Weisheitsbegriff abzuflachen. Für mich wirkt sie abschreckend gestaltet. Die Weisheit schließt immerhin ebenso das Wissen um das Wahrnehmen von vorläufiger Erkenntnis und deren Begrenzung mit ein. Sie reicht damit über bloßes, eingetrichtertes Faktenwissen weit hinaus.

Weisheit ist demzufolge mehr als nur verstandesmäßiges Erfassen von Wissen. Sie ist weder computertechnisch speicherbar noch programmierbar.

Weisheit schließt nämlich auch die liebevolle Hinwendung zur Welt mit ein. So ist sie darauf gerichtet, Sinnvolles, Sinnbringendes zu bewirken.

In zahlreichen Religionen, in uralten sowie in den neueren, gilt Weisheit daher als Göttlich verliehen.

In der Bibel (dem „Wort Gottes") wird Weisheit einerseits als Geschenk Gottes dargestellt und andererseits wird sie auch mit persönlichen Erfahrungen aus zielgerichteten Handlungsweisen in Zusammenhang gebracht.

So heißt es dort:

„Geh hin zur Ameise, du Fauler, sieh ihre Wege an und werde weise!"

In mystischen Traditionen des Judentums, der Kabbala, gilt Chochmah (göttliche Weisheit, Klugheit, Geschicklichkeit oder Schöpfungsplan) als eine von den zehn Sephiroth, den Sphären der Göttlichkeit.

Im Buddhismus wird Weisheit mit dem Begriff Prajna bezeichnet. Diese große, umfassende Weisheit durchdringt alle Dinge und Phänomene in der Weite des ganzen Universum.

Ein anderes Wort dafür ist Sunyata, die Erkenntnis, dass alle in Erscheinung tretenden Phänomene leer sind, ohne eigenständiges, ihnen innewohnendes Sein. Die Realisation von Sunyata in der Wahrnehmung der Phänomene sowie dem eigenen Selbst, ist eine grundlegende Erfahrung bei der Erlangung der Erleuchtung.

Im Hinduismus heißen Weisheit und Wissen Vidya (sanskrit). Es geht schließlich auch in der Yogapraxis darum, den Dualismus aufzulösen.

Hier wird angestrebt das Erreichen völliger Harmonie, beim Ausgleichen gegensätzlich wirkender Kräfte. Indem der Fluss der Gedanken gestoppt wird, versuchen die Yogi im Hier und Jetzt zu sein.

Auch in den chinesischen Philosophien hat die Weisheit traditionell einen großen Stellenwert, sowohl im Konfuzianismus als auch im Daoismus. Im Konfuzianismus ist sie, ähnlich wie die Menschlichkeit, die Ehrfurcht und alle Umgangsformen, eine der Kardinaltugenden. Daher betont der Konfuzianismus die Bedeutung der Erziehung, des lebenslangen Lernens und der Bildung.

Der Daoismus legt entscheidenden Wert auf ein Leben in Harmonie mit der Natur und dem Kosmos, dessen Sinnbild Yin und Yang sind.

Im hellenistischen Judentum ist Weisheit zentraler Begriff der Beziehung zu Gott. Die Weisheit der Schöpfung ist einerseits die Art und Weise, mit der Gott in der Welt wirkt. Und mit der Weisheit der Torah redet er zu den Menschen.

Andererseits ist sie die eigentliche Form der Zuwendung des Menschen zu Gott hin, in frommer Gotteserkenntnis und tugendhaftem Handeln.

Weitaus irdischer und doch dem Buddhismus irgendwie sehr ähnlich, stellt sich Weisheit im Sinne Platons dar. Er bezeichnet sie nämlich als die Erkenntnis der realen Welt. Diese Erkenntnisfähigkeit haben seiner Ansicht nach allein die Philosophen inne. Nur sie gehen nämlich über die Ideenwelt hinaus und erkennen, dass sich die Wirklichkeit anders verhält als die „Schatten", die die übrigen Menschen für die Realität halten.

Aristoteles sagt in seiner Metaphysik über die Weisheit:

„Weisheit ist Wissen von gewissen Prinzipien und Ursachen."

Er bezeichnet die Weisheit als eine Tugend des Verstandes, welche sich auf das Unveränderliche und Notwendige bezieht.

Er sieht sie als eine Verknüpfung der beiden Verstandestugenden: Wissenschaft (episteme) und Verstand (nous).

Da halte ich es doch sehr viel einfacher mit George Bernard Shaw, der sagt:

„Die Weisheit eines Menschen misst man nicht nach seinen Erfahrungen, sondern nach seiner Fähigkeit, Erfahrungen zu machen."

Und auch Samuel Coleridge, englischer Dichter und Philosoph, kommt in seiner Einfachheit meiner eigenen Vorstellung näher:

**„Gesunder Menschenverstand
in ungewöhnlichem Maße ist das,
was die Welt Weisheit nennt."**

Und dazu noch ein paar wunderbar kluge Worte von Pearl S. Buck, einer US-amerikanischen Schriftstellerin und Literaturnobelpreisträgerin zu dem Thema Weisheit, hier als Lebenskunst interpretiert:

„Die wahre Lebenskunst besteht darin, im Alltäglichen das Wunderbare zu sehen."

Darüber hinaus liebe ich den nun folgenden Spruch, dessen Ursprung mir leider nicht bekannt ist.

**"Andere zu erkennen bedeutet:
Du bist weise.
Dich selbst zu kennen bedeutet:
Du bist erleuchtet."**

Über den Autor:

Günter Karl Skwara, *19.07.1952

Während seiner vielfältigen beruflichen Tätigkeiten erlangte er Einblicke hinter die Kulissen von Betriebs- und Volkswirtschaft.

Ihm offenbarten sich zudem die sozialen Zusammenhänge, mit all ihren Ungerechtigkeiten und Abgründen.

Bei seinem Aufenthalt in Frankreich (1991 bis 1992) eignete er sich verschiedenes Wissen und Fähigkeiten an. Diese konnte er dann auch in Deutschland nutzen.

Er wurde Heiler von Morhange genannt und anerkannt als "Meister des Wandels" (master of change).

Seine Absicht besteht seitdem darin, Menschen aus dramatisch verfestigten Problemstellungen heraus zu helfen (physischer, psychischer sowie sozialer Art).

Als guter Zuhörer entlastet er, mittels Spiritueller Rückführungen, die schwierigen Situationen seiner Rat- und Hilfesuchenden.

Mit leichter Hand führt er sie zu eigenständig gefundenen Lösungswegen.

Er ist Begleiter auf dem Pfad zu Wohlbefinden, Zufriedenheit und GlücklichSein.

Günter Skwara

**Spiritueller
Rückführer**

Meditationsbegleiter

**Berater für Mentale
Kommunikation**

> Spirituelle Rückführung

> Finden von Ursachen, Aufarbeiten und Bereinigen alter
Ereignisse, Rehabilitation und Mobilisierung von
Kreativität, (Los)Lösen belastender karmischer
Verstrickungen und mehr. Transformation vom
Menschsein zu TAO, dem Geistigen Wesen.

> Mentale Kommunikation

> Die Magie effektiver, mentaler Kommunikation ist der
Königsweg, zur Lösung aller, von Menschen inszenierter,
Probleme. Bestandteile des Magischen Quadrates für
Verstehen dienen als Leitgedanken.

> Ganzheitlicher Energiefeldausgleich

> Aus dem Gleichgewicht geratene Lebensenergie wird
wieder stabilisiert und harmonisiert > für mehr
Ausgeglichenheit, Stabilität und Balance im Dasein.

> Spiegelmeditation

> Selbsthilfeprogramm: Erschließt Euch den Weg zum Selbst
(zu Selbsterkenntnis, Selbstbestimmung, Selbstständigkeit).
Taucht ein und rehabilitiert uralte Fähigkeiten!

Kontakt:
rueckfuehrer@googlemail.com

**www.rueckfuehrer.de
www.studio-chi.de**